# 인성이
# 답이다

정은희 지음

가나북스

# 인성이
# 답이다

2017년 01월 05일 초판 발행
**지은이** 정은희
**펴낸이** 배수현
**디자인** 유재헌
**홍 보** 배성령
**제 작** 송재호
**펴낸곳** 가나북스 www.gnbooks.co.kr
**출판등록** 제393-2009-12호
**전 화** 031-408-8811(代)
**팩 스** 031-501-8811
ISBN 979-11-86562-50-5

2014년 대한민국에서는 세계 최초로 인성교육을 의무로 규정하는 '인성교육진흥법'을 국회에서 통과시켰다. 떨어지는 교권, 사라져가는 예절, 잊혀져가는 온정 속에서 뭔가 새로운 인성교육에 대한 바람을 일으키기를 기대하고 있다. 그러나 대학의 인성면접, 취업의 직무인성평가로 인해 벌써 사교육 시장이 들썩이고 있다. 진정한 인성교육을 위해 잘 가고 있는 것일까? 과연 무엇을 위한 인성교육인가?

## ○ 부모가 생각하는 인성교육

자녀의 성공을 위해서라면 자녀의 스펙을 위해 봉사 활동도 부모가 대신하는 세상이다. 공부만 잘하라며 모든 것을 용서해 준다. '하면 된다.'를 외치던 시대에 태어나신 부모들이기 때문이다. 그렇게 교육의 한을 품고 올인한 결과 놓친 것들이 있다. 바로 인성이다. 그렇게 외치던 애국심과 예절, 정직, 배려 등은 예전에는 당연한 말이었지만 이제는 시험을 준비하기 위한 단어들이 되어가고 있다. 과연 그렇게 성공한 아이들이 행복할까?

## ○ 진로보다 인성교육

그동안 나는 많은 부모와 학생들을 만나며 공부가 전부가 아님을 알게 되었다. 그리고 지켜보며 성공하는 아이들의 공통점을 알게 되었다. 바로 요즘 아이들이 공부에 집중하다 놓친 인성이었다. 문제하나, 단어하나가 아닌 인성코칭을 해 주었던 학생들이 알아서 진로를 찾고 거기에 맞는 공부를 하기 시작했다. 그리고 지금 행복하게 사회생활을 하고 있다. 사교육 현장의 한 사람으로 그리고 이제는 십대 자녀의 부모로서 알려 주고 싶다. 진정 필요한 인성교육을 말이다.

## ○ 인성교육 실천 매뉴얼

인성교육은 이론이 아니다. 함께 느끼고 실천해야 한다. 함께 존중하고 배워야 한다. 그 시작점에는 가정이 있다. 그리고 학교가 있다. 아프리카 속담에 한 아이를 키우려면 온 마을이 필요하다고 했다. 대한민국이 그 시점에 있다. 이 책은 그 시작점에 서 주실 누구든지 함께해 주면 된다. 그것이 공교육이든 사교육이든 그리고 가정이든 학교든 말이다. 학생과 어른, 교사모두 함께 생각해볼 수 있는 책이기를 바란다. 입증된 사례들과 함께 말이다. 인성교육의 이론과 실천을 함께 시작해 볼 수 있기를 바란다.

# 목차

## Chapter 04 인성 좋은 아이들

## Chapter 05 인성근력 키우는 다섯 가지 습관

# 왜
# 인성인가?

# 1. 혼자 설 수 없는 아이들

"엄마~,"

'매일 시험에 들게 하시고~'

"응, 우리 딸~. 학교 잘 끝났어?"

하교 후 시작되는 아이의 전화는 매일 나를 시험에 들게
했다.

그렇게 긴장 반 두려움 반으로 통화가 시작되었다.

나는 수학 강사로서 20년 동안 많은 학생과 부모님들
을 만나왔다. 일대일로 더 가까이 학생의 가정을 속속들이
말이다. 그 역사는 우리 아이들을 만나기 전과 후로 나뉜

다. 부모의 입장을 알기 전과 후 말이다. 부모가 되기 전은 이해할 수 없었던 마음을 이제는 이해하고 함께 해결 방안을 제시하고 고민하게 되었다.

첫아이를 임신하면 아이가 잘못될까봐 전전긍긍하며 매달 꼬박꼬박 산부인과를 간다. 숙제체크라도 받듯 산모 수첩을 들고 말이다. 그런데 둘째 아이를 임신하면 가끔 한 달도 뛰어넘으며 슬슬 요령을 피운다. 이것이 바로 유경험자의 여유랄까? 그래서인지 대부분 부모들은 첫아이에 관한 모든 일에 예민하다. 그것이 장녀, 장남의 콤플렉스로 이어진다고도 한다.

그러나 부모가 처음인 것을 그 누구도 알아주지도 않고 시기적절하게 도움을 받지 못했다. 그저 친정엄마에게 듣는 끝나지 않는 잔소리로 도움을 받는 것이 다인 것이다. 빠른 변화 속에 6~70년대의 육아 방식은 지금 세대 부모에게 먹히지 않는데도 말이다.

내가 엄마라는 이름으로 육아를 시작한지 7년이 지났을 때였다. 육체가 힘든 것을 지나고 서서히 아이와의 대화가 깊어질 때였지만, 상황별로 어떻게 해야 할지 매일이 시험이었다. 첫아이가 초등학교를 들어가고 본격적으로 실기 테스트가 시작된 기분이었다.

나는 프리랜서였지만 대부분의 시간을 밖에서 일하고 있었던 터라 하교 후 아이한테는 주로 확인전화를 받았다. 그 전화 벨이 울릴 때마다 내 귀에는 이런 소리가 들렸다.

'매일 시험에 들게 하시고~'

아침 등굣길에서 생긴 일부터 친구와의 문제, 수업 시간에 선생님과 있었던 일, 선생님의 반응 등, 복도에서 생긴 일, 하교 후 누구랑 놀아야 하는지의 문제까지. 어떤 날은 아이의 학교 친구 엄마로부터 전화라도 받는 날이면 아주 깊은 심화문제까지 들어가는 기분이었다. 이론을 배운 적도 없는데 응용에 심화문제까지라니! 내게 엄마라는 시험은 그렇게 교육이나 연습 없이 진행만 되고 있었다.

첫아이가 3학년, 작은아이가 초등학교를 입학하고 내게 똑같은 문제가 되풀이 되었다. 첫아이 때의 경험이 있다며 여유 있게 전화를 받는데 문제가 바뀌었다. 당황스러웠다. 이럴 수가 같은 뱃속에서 나온 아이의 반응이 이렇게 다르다니! 신기했다. 이제 어떡하지?

"엄마~"

"응. 우리 딸~"

달라진 거라고는 먼저 화두를 던지지 않는 나의 여유 있는 반응이라고나 할까? 그리고 이야기를 들었다. 어떤 영역의 문제가 나올지 기다려 보았다. 새롭게 나오는 문제에 모범답안은 없었다. 심지어 예시답안도 없었다. 정말 당황 그 자체였다.

순간 드는 생각이 있었다. 이것이 나만의 문제가 아닐 것 같았다. 분명 이것을 연구하고 이론화하고 해결 방법을 유형별로 정리한 사람이 있을 것 같았다. 달라도 너무 다른 우리 두 아이에게 엄마는 이제 시작에 불과한데 아무 이론도 해법도 없이 문제가 주어질 때마다 막 풀라는 것은 이건 아닌 것 같았다.

그런 생각이 드니 절실했다. 절실해도 너무 절실했다.

동네 도서관을 다니며 부모 교육에 관한 책은 닥치는 대로 다 읽어 보았다. 케네디가(家)부터 유태인의 자녀 교육법 그리고 한국 엄마들의 해외파든 국내파든 성공 이야기까지 말이다. 물론 전문가가 쓴 육아 상식들도 읽었지만 그 어떤 것도 내 아이의 상황에 맞는 답을 주진 못했다.

그때 마침 도서관 게시판에 "특별강좌: 부모 교육 특강"이라는 공지가 눈에 들어왔다. 그래 이런 게 있을 줄 알았다. 분명 나만 고민하는 것이 아닐 것이라는 생각이 맞았던 것이었다. 설렘과 긴장감으로 첫 강의는 시작되었다. 그런데 의문의 얼굴이 있었다. 나이가 꽤 있어 보이는 어머니 아니 할머니에 가까운, 늦둥이 자녀를 둔 부모라고 하기엔 심할 정도였다. 혹 강의하시는 분의 지도 교수님이신가 하는 생각마저 들었다.

강의를 시작하기 전 한 사람씩 자기소개를 했다. 이제 막 아기를 낳고 키우기 시작하는 엄마, 나처럼 초등학교 자녀를 둔 엄마, 사춘기가 시작된 자녀를 둔 엄마, 입시를 눈앞에 둔 자녀의 엄마. 그리고 그분의 소개가 시작되었다. 그 분은 마흔의 아들을 둔 엄마라고 하였다.

'왜? 왜? 오셨을까?' 나는 그 이유가 정말 궁금했다. 이유는 이러했다. 우리들처럼 자녀를 키우며 고민할 때부터 이 강의를 듣기 시작했다고 했다. 강의를 듣고 나면 뭔가 해답을 찾은 듯 자녀와의 생활 속에서 실천을 하고 관계성도 좋아지다가도 또 새로운 문제가 시작되었다고 말이다. 대학만 들어가면 끝나겠지 했던 문제가 취업만 하면, 결혼만 하면, 자식을 낳으면…, 끝나지 않는 문제가 되어 정기적으로 강의를 수강하시게 되었다고 했다.

'아~ 그렇구나! 이제 시작이었구나!'

이제 막 고민을 시작하는 나를 비롯한 많은 엄마들에게는 충격이었다. 그렇게 소개가 끝나고 이런 사례가 많이 있으며, 중장년층의 자녀를 둔 부모님들의 고민 1위가 '방청소'라는 교수님의 말씀에 우리는 한 번 더 큰 충격을 받았다. 40년이 넘게 자녀를 키우면서 고민거리가 '방청소'라니!

상상이나 해 보았나? 마흔이 넘도록 방청소를 혼자 못

하는 자녀를 말이다. 팔다리가 없는 닉 부이치치도 부모님이 어릴 때부터 이불 정리를 혼자 하도록 했다는데. 어떤 생각이 드는가? 우리나라와는 다른 교육 철학에 이질감을 느낄 수도 있다. 그러나 한 가지는 분명했다. 자녀 교육에 있어 부모의 교육 철학이 있어야 한다는 것이다.

그 교육 철학이 무엇이든 배경은 한 가지로 통한다는 것이다. 바로 부모의 책임은 '자녀가 혼자 설 수 있게 해야 한다'는 것이다. 이불 정리가 되었든 방청소가 되었든 혼자 스스로 할 수 있는 힘을 키워줘야 한다는 것이다.

그렇게 시작된 강의 내내 우리들은 공통되게 느끼는 점이 있었다. '내가 자녀를 나의 소유물로 생각하고 있었구나. 그 소유물을 어쨌든 잘 관리하고 끝까지 책임을 져야 하는구나.'하는 생각 말이다. 그 소유물에는 인성이라는 것이 보이지 않는다. 그저 내 투영물이 되는 것이다. 내가 힘들었던 이유는 내 자녀가 아닌 내 소유물이 가져오는 모든 문제를 그 주인인 내가 해결해야 한다고 생각했던 거였다. 내 자녀가 가져오는 문제를 들어주고 함께 고민해 보려는 자세가 필요했던 것이다.

그날 이후로 내 어깨는 가벼워졌다. "부모"의 의미를 알게 된 것이다. 자녀가 스스로 설 수 있는 힘을 가지게 하는 책임을 생각하게 되었다. 이제 더 이상 우리 아이들이 가져오는 문제를 내가 해결해야 될 문제로 보지 않게 되었다. 이 생각을 바탕으로 시작된

부모 강의는 대화법부터 연습하기 시작했다. '나-전달법'과 같은 방법들이었다. '엄마 생각을 말해도 될까'로 시작되는 존중의 표현들 말이다.

'자식은 내 몸을 통해 세상에 나왔지만 세상에 나온 이상 더 이상 내 것이 아니다.'

그 때부터 나는 부모 교육 전도사가 되었다. 그리고 '수학 강사'를 넘어서 부모님들 편에 설 수 있었다. 그러나 함부로 부모 교육에 대해 말씀드릴 수 있는 상황은 아니었다. '수학이나 가르치지, 성적이나 올리시지'하는 표정들이 만연했기 때문이다. 그러나 굽히지 않았다. 성적을 올리는 바탕에는 인성이 있어야 하기 때문이다.

특히 수학은 많은 것을 내포한 학문이다. 학문의 분야가 이렇게 다양하기 전 모든 철학자들은 수학자이며 과학자 동시에 예술가이기까지 했다. 수학은 모든 인생의 철학이 들어 있다. 수학을 하며 아이의 인성을 볼 수 있었고 그 부모를 볼 수 있었다. 그러나 그들도 나처럼 방황하고 모르기는 마찬가지였다.

점점 혼자 설 수 없는 자녀들이 늘고 있다. 이것은 부모가 혼자 설수 없게 만들고 있다고 할 수 있다. 40대까지 방청소가 부모 자식 간에 싸워야 하는 이유가 되는 것이다. 많은 부모들이 자녀의 인생을 대신 살아주려 한다는 것이다. 대학을 간 자녀의 수강 신청을 대신 해주고 학점에 대한 이의 신청을 부모가 직접 하는 일이 흔하단다.

그뿐인가? 요즘 각 기업체에 인사과는 마치 교무실을 방불케 한다고 한다. 신입 사원들의 부모로부터 다양한 전화가 온단다. '어제 회식은 너무 오래한 것은 아니냐, 요즘 사내 연애를 시작한 짓 같은데 회사생활에는 문제가 되지 않느냐, 더 나아가 그 남자가 괜찮은 사람이냐' 까지 묻는단다. 한 점잖으신 아버지는 전화해서 이번 프레젠테이션 결과를 물어 보시며 우리 아들이 통과할 것 같은지를 물어 보셨단다. 직장 생활에서 이 정도면 개인 생활에서 얼마나 부모의 개입이 더할지 짐작이 간다.

가끔은 이런 학생도 만난다. 자연스럽게 혼자 잘 설 수 있게 된 집이라고 할까? 평범한 고등학교 여학생이었다. 수업비를 받아야 하는데 바쁘신지 입금이 미뤄지고 있었다. 아버님을 뵌 적도 없었고 어머님도 퇴근 시간에 맞춰야 뵐 수 있는 집이었다. 학생한테는 수업비에 대한 이야기를 잘 안하는 편인데 이미 수업비에 대한 이야기를 문자로 여러 번 드린 터라 고민 끝에 학생에게 어머님의 귀가 시간을 물었다. 그런데 그 여학생의 반응에 놀라고 말았다.

"아, 선생님 모르셨어요? 저희 집 공과금은 제가 다 내요. 수업비 입금해 드릴게요. 엄마가 문자를 보시면 저에게 알려주셨는데 그것도 잊어버리셨나 봐요. 죄송해요 선생님."

오냐오냐 공부만 해다오 하는 여타 집안과는 다르게 이 여고생은 집안일도 잘하고 공부도 알아서 하는 학생이었다. 무엇보다도 방이 항상 깨끗했다. 그런데 공과금이라니! 내가 아는 대부분의 고등학생들은 인터넷뱅킹으로 공과금내거나, 아예 공인인증서 활용 방법을 모를 것이다. 그런데 그 학생은 집안의 세금을 모두 관리하고 있었던 것이다.

한 가계의 지출을 관리한다는 것이 주부들도 신경 쓰는 것이 번거롭고 귀찮아서 자동이체를 해놓는 세상인데 말이다. 집안이 그리 넉넉지 않은 것도 하나의 이유가 되었을 수도 있다. 그래서 그 여학생은 사리가 무척 밝았던 것 같았다. 그 학생은 부모님께 의지를 한다기보다 자기의 의견을 말하고 상의를 드리는 대화를 많이 하는 듯했다. 집안의 형편과 등록금 그리고 생활비까지 생각하며 이미 대학 생활을 그려놓은 학생이었다. 내가 할 것이라고는 정말 순수하게 그 학생이 모르는 수학 문제를 가르쳐 주는 일이었다. 그 여학생의 부모님은 처해진 상황에 맞게 자녀의 독립심을 일찍 키워주신 결과를 낳게 되신 것이다. 그 부모님의 부모교육의 철학이 환경에서 자연스럽게 나온 경우이다.

가끔 돈 많은 집 자녀들의 재산싸움을 본다면 정말 차라리 돈이 풍족하지 않음에서 나오는 독립심이 더 가치 있는 것이 아닌가 싶다. 외국의 한 가문에서는 일부러 결핍의 경험을 가지는 시기도 있다고 한다. 특히 아무 대가 없이 돈을 주는 일이 없다.

그래서인가? 성공한 자수성가한 사람의 어린 시절 경험을 보면 집에 빨간 딱지는 한 번씩 붙었던 기억들이 있는지 모르겠다. 너무 풍족한 세상이 혼자 설 수도 없게 만드는 부모 문화를 만들고 있지 않은가 싶다. 갑자기 우리 집안이 풍족하지 않았음에 새삼 감사를 느낀다.

## 2. 내 인생의 주인공은 누구?

"하나도 행복하지 않아요."

남들이 부러워하는 대기업 사원의 입에서 나온 말이었다. 명문 대학만 가면 다 해결된다는 말에 죽어라고 공부만 했다. 막상 대학에 합격하고 나니 이젠 대기업에 취직만 하면 인생 쭉 편다고 해서 이 악물고 공부해 입사했다. 그런데 '행복하지 않아요'라고 말하는 이 상황을 어떻게 설명해야 할까?

많은 부모님들이 자녀의 인생에서 부모들이 주인공이 되고 싶어 한다. 특히 부모님의 인생에서 못 다 핀 꽃 한 송이를 꼭 자녀의 인생에 피우고 싶어 한다. 그래서 유명한 한 인기강사가 이런 일침을 가한 적이 있다. '자식한테 하라고 하지 말고, 당신 자신이 하라'고 말이다. 자식은 태어나서 딱 3년 효도한다고 한다고도 했다.

처음 태어나서 웃어 주고 부모의 역할을 온전히 할 수 있게 하는 3년 말이다. 그 이후 자식은 자신의 인생을 살아가고 부모도 부모의 인생을 살아가는 것이다. 그런데 지금 우리의 모습을 보자. 과연 누구의 인생을 살고 있는 것일까?

몇 년 전 한 리더십코칭 교육을 받은 적이 있었다. 그때 나와 1:1 코칭 짝이 된 한 분이 대기업 인재양성원에 일하고 있다고 소개를 했다. 내심 부러운 마음에 어떻게 이런 교육을 받으러 왔는지에 대해 호기심 어린 질문을 던졌다.

그런데 그 대답이 정말 뜻밖이었다. 그분은 신입 사원, 1년차, 2년차 교육과 면담을 담당하고 있는데 대부분의 사원들의 고민을 듣고 본인이 교육을 받아 해결해 주고 싶다고 했다. 그 고민이 바로 '행복하지 않아요.'였다.

"왜? 왜? 왜요?" 나는 그 대답이 너무 당황스럽고 궁금했다. 왜 행복하지 않을까? 남들이 부러워하는 대기업에 취직해 가장 행복하고 자랑스러울 때 왜 그런 말이 나왔을까? 이유는 간단했다. 자기 인생을 살고 있지 않는 기분이라는 것이다. 대기업에 들어오면 모든 것이 해결되고 이제 행복할 줄 알았는데 아니라는 것이다.

본인이 자기 인생의 주인공이라는 느낌이 들지 않고 계속 뭔가에 질질 끌려가는 느낌 때문에 행복하지 않다고 느끼는 것이었다. 그래서 그 담당자는 그 리더십 교육을 받고 그 사원들에게 전달하고 싶어서 왔다고 했다. 그분은 그 속에서 사명을 찾은 듯했다. 그분은 자기의 인생의 주인공이었던 것이다.

현대의 청년들이 행복하지 않은 것은 하루아침의 일이 아니다. 그 청년들이 학창 시절동안 내내 느낀 것이다. 그들이 왜 행복하지 않은지는 초중고 생활로 내려간다. 학생들은 자신들의 삶을 살아오지 못했다. 그들의 인생에 부모가 주인공 역할을 해온 것이다. 그러니 자신이 무엇을 좋아하고 무엇을 잘하는지 생각할 겨를이 없었다.

그저 부모님의 유도심문에 '우리 아들, 우리 딸은 ~ 하고 싶지?' 라는 말에 이끌려 따라 왔다. 심하게는 '너는 이게 필요해서 ~ 공부를 더 해야겠다.' 라는 말로 부모님이 정해준 학원과 과외를 다녔던 것이다. 요즘 초중고 학생들의 특별프로그램에 '리더십'이라는 말이 종종 붙어있다. 듣기에는 리더들만 듣는 수업이라고 생각할 수 있다. 간부수련회 같은 느낌으로 말이다.

하지만 주된 목적은 그게 아니다. 청소년 리더십 교육은 자기 인생의 리더가 되라는 교육이다. 내가 누구이고, 좋아하는 것은 무엇인지, 강점을 찾아 진로의 방향을 찾는 것을 이야기한다. 그런데 그런 리더십 교육마저도 자기가 선택해서 가지 않는다는 것이 안타까울 따름이다.

형제 수업을 맡은 적이 있다. 둘 다 수재였다. 부모님의 교육열도 높았고 자녀가 그것을 또 받쳐주기까지 했다. 그것을 흔히 부모 자식의 궁합이 잘 맞는다고들 한다. 형은 친척집이 있는 해외에서 1년 정도 어학연수를 하여 영어가

유창했고, 동생은 초등학생인데도 고등학교 수학까지 진도를 원할 정도였다.

아버지는 아들의 시험 기간이면 독서실 자리를 맡기 위해 새벽마다 자리표를 받으러 나가셨고, 어머니는 정보 모임에 빠지지 않기 위해 열성적이셨다. 일도 하시는 워킹맘에 실로 감탄을 자아내는 열성맘이었다. 형도 스케줄이 많았지만 다양한 스케줄은 동생이 더 많았다. 고등학생보다 스케줄이 많은 초등학생 수업 일정 정하는 것이 더 힘들었다. 다양한 예체능의 스케줄이 많았기 때문이다.

그 외 각종 대회 준비와 체험 활동 그리고 공부를 잘한 포상으로 스키캠프나 해외여행으로 거의 연간 일정이 미리 나와 있을 정도였다. 그렇게 어렵게 학생의 스케줄에 맞추어 수업을 하던 어느 날이었다. 형의 특목고 진학을 위한 기말고사 성적이 나오는 날이었는데 집안의 분위기는 예상 밖으로 살벌했다. 큰 실수를 하지 않았다면 별 문제가 없었을 터여서 이상하기까지 했다. 다행히 수학이 아니라 영어 점수가 문제였다고 하는데 분위기 상 자세히 물어 볼 수가 없었다.

며칠이 지나고 나는 그날의 상황을 동생을 통해서 들을 수 있었다. 만점을 받아야하는 영어에서 한 문제를 틀리는 큰 과오를 남겼다고 했다. 시험이 쉬웠던 터라 더욱 만점이 많았고, 그래서 부모님께 크게 혼났다고 했다. 그 큰 과오는 특목고의 진학에는 별문제가 되지 않겠지만, 부모님의 자존심에 문제가 되어 그렇게 분위기가 심각했구나 생각이 들었다.

다음 수업에 나는 형을 위로할 마음으로 조심히 이야기를 꺼냈다. 의외로 그 학생은 쿨하게 '제가 원하는 학교에 진학하는 데에는 큰 문제가 없어요.'라고 대답했다. 그 학생도 알고 있었던 것이다. 문제가 되지 않는다는 것을 말이다. 그런데 왜 혼났느냐는 말에 형의 이야기가 시작되었다. 아버지의 집안에 대한 이야기였다.

아버지의 다른 형제 모두 서울대를 나왔는데 아버지만 서울대를 못 나왔다는 것. 그래서 명절 때와 같은 가족 모임이면 엄청 스트레스를 받으셨고 그 이야기를 아들에게

털어놓으며 넌 꼭 서울대를 가야한다고 강조한다는 것이었다. 어머니 집안에도 명문대 출신이 많아서 조금이라도 성적이 떨어지는 기미가 보이면 두 부모님이 신경이 곤두서며 같은 스토리를 매번 되풀이 한다고 했다.

중학생의 형과 초등학생의 동생이 그 스트레스를 고스란히 소화해 내고 있었던 것이다. 다행히 그 때까지는 두 아들이 잘 따라가 주고 있었지만 그 아이들이 고등학생이 되고 대학생, 성인까지 잘 따라 줄 것인가? 그렇게 부모님이 원하는 인생을 따라가던 아이들이 지금 대기업에서 행복하지 않다는 것을 외치고 있는 것은 아닐까? 자기 인생을 살아 본 적이 없어서 말이다.

그때 알았다. 명문대에 가는 것만이, 대기업에 취직하는 것만이 성공이고 행복으로 가는 길이 아니라는 것을 말이다. 바로 자기 인생의 주인공으로 사는 것이 해답이라는 생각이 들었다. 그리고 학생들에게 묻기 시작했다. 특히 꿈이 없고 하고 싶은 게 없다는 학생들에게 꼭 물어 보았다.

"무엇을 할 때 가장 행복하니?"

설령 그 대답이 어이없고 허황한 대답이어도 열심히 들어 주었다. 그리고 더 물었다.

"또?…그렇구나, 다른 것이 더 있을까?"

오락만하고 무기력했던 학생들이 신나게 이야기하기 시작했다. 공부할 때는 자기 일이 아닌 듯 듣지도 않고 몸을 비틀며 괴로워하던 학생들이 자기 얘기를 시작하니 얼굴 가득 행복한 미소로 떠들기 시작했다.

그렇게 학생들에게 관심을 가져 주었을 뿐이다. 그런데 학생들이 변하기 시작했다. 아주 조금씩이었지만 내 수업에도 귀를 기울여 주었다. 무엇보다도 반가운 것은 자기 인생에 관심을 가지기 시작했다는 것이다. 아이들도 알고 있다. 자기 인생이 이렇게 아무것도 안하고 있으면 안 된다는 것을 말이다. 그런데 그동안 아무도 자기 이야기를 들어주지 않았고 그래서 물어볼 수 없었던 것이다. 자기가 어떻게 해야 하는지 말이다.

그렇게 가르치던 학생들이 모두 명문대를 합격한 것은 아니었다. 지금 다들 대기업에 취직해 있지도 않다. 그러나 장담컨대 그렇게 가르친 학생들 모두 지금 행복하게 자기 인생을 살아가고 있다. 그리고 가끔 연락이 온다. 자기 인생을 열심히 살고 있는 목소리로 말이다.

언제나 학생을 처음 만나면 묻는다. 좋아하는 것이 무엇이냐고. 그리고 다시 여러 번 물으며 열심히 듣는다. 그 친구가 신나게 자신의 이야기를 풀어 놓을 때까지 말이다. 그리고 마음속으로 기도한다. 이 학생이 자기 인생의 주인공이 되기를.

그리고 그 마음이 아픈 부모들이 생각났다. 그들의 상처를 치유하는 것이 자식을 통해 풀어서 될 일이 아니라는 것을 알려드리고 싶었다. 진정으로 그들의 인생이 주인공은 그들 자신이며 그들 자체로 충분히 성공한 인생이라는 것을 말이다. 오히려 자식들의 자신감을 그 부모에게 나눠주고 함께 행복하기를. 앞서 두 형제의 부모님도 지금부터라도 행복하고 자신 있게 그들의 인생의 주인공이 되어 살기를 응원해드리고 싶었다.

멋지게 사는 부모 밑에서 잘 자라고 있는 자녀들을 만난 적도 있다. 자녀가 시험 기간이면 마치 자기 시험 기간인 양 같이 밤을 새고 힘들어하는 부모님이 있다. 이들 역시 자식 인생을 부모가 살고 있는 것이다. 그런데 한 어머니는 달랐다. 시험 기간이어서 보충을 갔는데 집에는 아무도 안 계셨다. 공부하라고 조용히 자리를 피해 주신 줄로만 알았다. 그런데 학생의 말을 듣고 깜짝 놀랐다. 자기 어머니가 여행을 가셨다고, 시험 기간보다 더 오래 다녀오신다고 했기 때문이다.

내심 학생의 마음이 더 궁금했다. 시험 기간인데 엄마가 여행가신 것에 대해 말이다. 아마 다른 집 학생들이었다면, 아니 아까 그 두 형제의 상황이었다면 어땠을까? 아마 여행을 가지도 않았겠지만 아들의 식사와 스케줄 등은 어떻게 됐을까? 그런데 그 엄마의 그 딸이라고, 그 학생도 별 문제되지 않은 듯 말했다. '시험은 제가 보는 것이지 엄마가 보나요?'라고 말이다. 아무렇지도 않은 듯 시험 기간

내내 알아서 일어나고 학교에 다니던 학생이었다.

다른 한 집은 엄마들 모임에서 좋아하는 가수 콘서트에 간다고 나가시며 인사를 하시던 어머님도 있었다. 또 부부가 같이 여행을 가시는 경우도 보았다. 보통 요즘 부모들은 해외 연수에 자식들 챙겨 보내기가 바쁘다. 그런데 그 부모님은 본인들만의 여행을 가시는 것이었다. 그분들이 남긴 멘트가 더 멋졌다.

"너희들은 갈 기회가 더 많으니까 너희들이 알아서 가라."

내가 부모가 되기 전에는 사실 그런 부모님들을 이해하지 못했었다. 내가 더 저래도 되나 걱정되곤 했다. 그런데 이제는 다르다. 그렇게 자기 인생을 사는 부모님들이 멋지게 보인다. 그리고 그 부모의 자녀들 역시 그런 멋진 부모의 모습을 보고 자랄 것이다. 자기의 인생을 자기가 알아서 챙기면서 말이다. 그렇게 각자의 인생의 주인공이 되어갈 것이다.

# 3. 학력이 인성을 흔들다

"유엔에서 봉사하며 사는 것이 제 꿈이에요."

내가 어릴 때만해도 대통령이 꿈이라는 친구가 많았다. 그런데 이제는 글로벌한 시대이다. 세계 곳곳에서 활동하고 있는 자랑스러운 한국인 덕분에 꿈이 글로벌하다.

한 외국 기업에 일하게 된 한국 청년이 있었다. 그 청년은 명문대를 나오지도 않았고, 특별히 영어 실력이 뛰어나지도 않았다. 그런 청년이 어떻게 외국 기업에서 일하게 되었을까? 대부분 뭔가 특별한 인맥이 있었을 거라는 생각이 들것이다. 그러나 그 청년이 외국 기업에서 일하게 된 계기는 특별했다.

바로 밝은 미소였다. 해외 봉사 활동에 참여하게 된 청년의 구슬땀과 함께 지어진 밝은 미소가 눈에 띄게 된 것이다. 그 이유로 그 봉사 활동에 참가한 기업체 관계자가 함께 일해 보자는 제의를 했다는 것이다. 운이 좋았다고 할 수도 있다. 하지만 나는 그 청년의 인성이 학력을 넘어섰기 때문이라고 생각한다.

밝고 긍정적인 마인드! 그것은 하루아침에 생기는 것이 아니다. 그동안 사회생활을 하며 만나는 사람들을 보면 참 잘 자란 사람들이 있다. 그리고 그 뒤에 훌륭하게 자녀를 키운 부모님들이 보인다. 누구에게나 오는 여러 가지 경험을 어떻게 받아들이는지를 보고 배운 것이다. 같은 일이 생겨도 부모님의 반응은 모두 다를 것이다. 물론 그 반응에는 맞고 틀린 것은 없다. 각 부모님들의 가치관에 따른 다양한 반응이 나올 것이다. 그 다양한 반응을 긍정적으로 받아들였는지가 중요한 것이다.

자녀를 키워 보았으면 알 것이다. 정말 뒷모습과 목소리의 톤까지 비슷해져가는 내 자녀를 보고 있는 기분을. 정말 아이들은 부모의 거울이다. 큰아이가 작은아이한테 하는 말투를 듣고 있으면 혼을 낼 수가 없다. 모두 내 말투를 따라하고 있는 것을 어찌 혼낼 수 있으랴.

한 드라마에 나왔던 말을 잊을 수가 없다.

"미안하다. 그런데 좀 봐주라, 나도 부모가 처음이다."

극중에서 한 아버지가 한 말이다. 이렇게 부모가 솔직해질 때 자식도 솔직해질 수가 있다. 그렇게 자녀를 한 인간으로 존중하고 대등한 관계에서 대화가 시작된다면 자존감이 서로 상승될 것이다. 부모와 자식 간이 아닌 인간 대 인간으로서 성장할 수 있는 기회가 되는 것이다.

그저 공부의, 공부에 의한, 공부를 위한 자녀로 보고, 자녀의 성장만을 바라는 부모이지는 않은가? 인성도 한 스펙이라고 생각하며 만들어 주고 있지 않은가? 그렇게 만들어지고 포장된 인성이 언제까지 갈 것이라고 생각하는가?

누군가를 가르치는 세월이 20년이 지나고 보니 확실히

알겠다. 정말 중요한 것은 학력으로 사는 것이 아니라 인성으로 사는 것을 말이다. 힘든 일을 이겨낼 줄 아는 인내력, 참을 줄 아는 절제력, 긍정적으로 바라보는 생각의 습관들 말이다. 그런 인성을 갖춘 학생들의 삶은 20년 전 당장 영어 몇 점, 수학 몇 점 성적은 안 나왔지만 지금 참 잘살고 있기 때문이다.

 학교 다닐 때 문제도 많았던 친구들이 지금은 잘살고 있는 사례들이 많이 있다. 내가 가르치던 학생은 남매였는데 오빠는 대안학교를 다녔고 여동생은 자퇴를 했다. 주말마다 만나는 오빠는 성적은 나빴지만 꾸준했다. 예의가 바르고 종교적으로도 성실했다. 여동생은 말수는 적었지만 매순간 목표가 뚜렷했다. 검정고시를 보고 아빠가 계신 중국으로 유학을 간다는 계획이 서있었다.

 나만의 수업의 노하우였다면 항상 진심으로 긍정적으로 응원을 한다는 것이다. 난 정말 가슴깊이 응원했다. 그리고 그것을 믿었다. 잘될 것이라고 말이다. 남매 모두 자신감이 없었다. 그런데 난 믿었다. 당장의 점수가 중요하지 않았다. 그래서 응원했다. 한문제한문제 풀어가는 것이 중요하다고 생각하며 포기하지 않았다. 그 남매뿐만이 아니라 내 수업의 철학이었다.

그렇게 응원했던 그 남매는 자신감을 가지고 꿋꿋이 공부를 해서 대학도 가고 자기만의 직업을 찾아서 잘살고 있다. 특히 행복하게 말이다. 지금도 가끔 만난다. 얼마나 자랑스럽고 감사한지 모른다. 학창 시절의 점수, 학력 따위 정말 중요하지 않다는 것을 그 남매를 보며 느낀다. 부모님이 가지고 계시는 철학으로 자녀의 자신감고 할 수 있다는 용기를 잃지 않게 하셨다. 그렇게 잘 자란 것이다. 그렇게 지금 행복하게 잘살고 있다.

그러나 그 철학이 꺾이는 학생들도 있었다. 한마디로 네 가지(일명 싸가지)가 없는 학생들이다. 내 진심을 받아들여지기는커녕 내 존재 자체를 무시한 학생들이었다. 그 친구들은 나뿐만 아니라 어떤 선생님이 들어가도 성공하지 못했다. 그 학생들은 어떤 상황이 와도 만족하지 못할 것이다. 그것을 알기에 난 조용히 물러났다. 그 싸움은 그가

이겨내야 할 부분이기 때문이었다. 그 부모님이 함께해야
할 부분이었기 때문이다.

그런 학생의 부모님들에게는 학력보다 더 중요한 인성
이 있음을 알려드려야한다. 부모의 역할은 자녀를 죽을 때
까지 챙겨주는 것이 아니다. '내 눈에 흙이 들어갈 때까지
는 내가 챙겨줘야지' 라고 생각하는 부모가 많다. 그러나
그것은 큰 오산이다. 진정한 부모의 역할을 내 자녀가 스
스로 설 수 있게 하는 것이다.

자녀에게 어려운 일이 생기면 그 부모가 나서서 모든 앞
가림을 하는 것이 아니다. 그 어려운 일을 어떻게 이겨나
가는지 함께 응원하고 바라봐 주는 것이다. 그 어려움을
이겨냈을 때 함께 기뻐해 줄 수 있으면 되는 것이다. 비로
소 그 자녀는 스스로 일어날 수 있는 힘을 가질 수 있는 것
이다.

자녀의 학력이 자녀를 설 수 있게 할 수도 있다. 그러나
그 생명력은 짧다. 오히려 그 자녀의 인내력과 끈기, 절제
력, 가치관등이 스스로 설 수 있게 하는 것이다. 내가 주로

수업에 외쳤던 말이 있다. "인내와 끈기를 가지고 문제를 풀어라" 그것이 수학의 비법이었다. 그런데 이것은 인생에서도 통한다.

요즘 그 어디에도 인내와 끈기를 가지고 이겨내려고 하는 청소년을 보기 드물다. 생명력이 짧아지는 느낌이 든다. 수학을 문제를 하나 풀고 점수 몇 점을 더 얻으려는데 급급해 하지 말고 인내와 끈기를 기르는 인생의 생명력을 얻는 시간으로 보고 공부를 한다면 최고의 인생 공부 시간이 될 수도 있다. 그 순간이 바로 학력이 인성을 넘어서는 순간이 될 것이다.

# 4. 인정받기에 목마른 자존감

'인류의 발전은 인정받기에 목마른 인간의 습성으로 이루어졌다.'

왜 인간은 스스로를 인정하기보다 누군가에게 인정받기를 끝없이 갈구하게 되는지가 무척 궁금하던 때였다. 그런데 그 습성으로 인류의 발전을 이루었다니 한편으로는 이해가 갔다. 그러나 해도 너무할 때가 있다는 생각이 들었다.

근무했던 연구소에서 학습진단검사를 진행한 적이 있다. 그 인정받기를 학문적으로 '동기'라고 말할 수 있는데, 그 동기를 보상이나 벌칙과 같이 외부에서 찾으면 외재적 동기, 자기만족 등 내부에서 찾으면 내재적 동기라고 한다. 많은 사람들이 외재적 동기에 치우쳐 산다. 왜 내재적 동기를 잊고 사는 것은 아닐까? 그 내재적 동기가 자존감과 연결되는 더 중요한 부분인데도 말이다.

한 신문기사가 생각난다. 학창시절 1등을 놓치지 않았고 특목고에 서울대까지 탄탄대로를 달려가 유명한 대기업에 골인한 사람이 있었다. 참 많은 사람들이 부러워할만한 대상이었는데 어느 날 그가 자살했다는 기사였다. 왜? 왜 자살을 했을까? 가정 문제? 재산 문제? 기사를 읽어 내려가며 많은 생각이 들었다.

이유는 황당했다. 그 대기업에서 어렵다던 진급도 한번 놓치지 않고 하던 그가 딱한 번 진급에서 누락이 되어 자살을 했다는 것이었다. 그런데 더 황당한 것은 진급 누락 사유였다. 실력 때문이 아니라 진급 연차 때문에, 그와 같은 연차에 너무 많은 사람이 모여서 다음으로 밀렸기 때문이라는 것이었다.

그 사람은 자신의 진급 누락의 이유를 알고 자살한 것일까? 대기업의 임원까지 올라간 사람이 단 한 번의 실패로 자살을 했다는 기사는 적잖이 충격이었다. 인정받는 것도 중요하다. 그러나 그 인정받기가 너무 외부에만 있는 것은 아닐까?

학생들을 지도하면서 이미 그런 환경을 만들고 있지는 않은가? 그런 반성을 했던 학생이 기억난다. 깔끔한 여중생이었다. 그 무섭다던 중2병의 여학생인지라 매우 조심스럽게 수업을 시작했다. 한마디로 분위기 파악이 필요했다.

일단 털털한 성격은 아니었다. 사실은 무척 까다로웠다. 말 한마디 잘못하면 큰일 날 분위기라고나 할까? 모든 가족이 그 여학생 중심이었다. 이유는 간단했다. 중2라서? 아니었다. 공부를 잘해서였다. 내가 봐도 참 꼼꼼히 그리고 계획적으로 공부를 열심히 했다. 그런데 그중 수학 성적에만 문제가 있어서 나와의 수업을 신청했다고 한다.

나중에 들은 이야기지만 내가 세 번째 선생님이었다. 학생이 맘에 들어 하지 않으면 바로 교체되었는데, 이유는 간단했다. 자기에게 맞지 않는다는 것이었다. 그래도 내가 가장 오래 가르친 선생님이었다고 한다.

그 학생은 수학에 대한 자신감이 없는 것을 제외하고는 큰 문제가 없었다. 모든 일을 알아서 잘 하는 스타일인데 수학 문제가 어려워서 자신감이 떨어져있는 상태였다. 많은 친구들이 그렇지만 수학은 어려운 것이라고 이미 뇌에 인식을 하고 시작하기 때문에 뇌의 활성화가 안 되는 경우가 많다. 이 친구도 그러했다. 그 활성화를 시켜주는 것은 심리전이다. 내가 수학을 20년 하다가 이제야 심리학을 시작하게 된 이유인 듯하다.

여학생은 그렇게 나와 심리전을 시작했다. 그리고 긍정적인 방향으로 좋아져 가고 있었다. 생활 습관이나 계획 세우는 부분에 큰 지도를 해야 할 부분이 없어서 수학에만 집중할 수 있었다. 어느 정도 정상 궤도 올랐고 분위기 파악이 완전히 됐다고 생각한 어느 날이었다. 이 친구의 꿈이 궁금했다.

"선생님 궁금해서 그러는데 너 꿈이 뭐야?"

무척 계획적이었고 자존감이 강했던 여학생이니 그 꿈도 이미 세워 있을 것이라고 생각했다. 그런데 대답은 의외였다.

"없는데요."

그러나 실망의 내색을 하면 안 되는 것인데, 난 이미 표정 관리에서 실패했다. 내 얼굴에서 실망을 읽고 여학생은 이미 기분이 상해버렸다. 나는 만회하느라 여유롭게 말을 꺼냈다.

"선생님이 보기에 너는 다른 학생과는 달리 너 스스로의 관리가 너무도 뛰어나서 계획도 잘 세우고 실천하는데도 문제가 없어서 사실 구체적인 꿈이 있을 거라 기대했어."

그 여학생은 얼굴에서 바로 기분 상한 내색이 사라지고 마음을 열고 이야기를 시작했다. 자신도 그 부분은 잘 모르겠다며 고민이 되는 부분도 있다고 살짝 내비쳤다. 나는 그러면 그렇게 열심히 공부를 하게 된 동기를 물었다. 당연히 꿈을 위해 달려가는 학생으로 보였는데 꿈이 없다니 다른 이유가 있을 것이라고 생각했다.

긴 대화 후에 나온 이유는 간단했다. 아버지로부터의 '인정' 때문이었다. 그 이야기를 듣고 나니 그 집안의 분위기에 대한 퍼즐이 맞춰졌다. 보통의 집과는 달리 안방에 침대보다 아버지의 책상의 크기가 컸다. 아마 서재가 있었다면 그 집에서 가장 큰방을 차지했을 것 같은 크기였다. 그 위에 있는 컴퓨터의 크기도 제일 컸다. 아버지 중심이라는 것이 느껴졌다.

가족들의 귀가후 모습에서도 느껴졌다. 퇴근 후의 모습은 어머님이 항상 먼저 오셔서 화장실도 못가시고 저녁을 차리셨다. 보통은 내 수업이 일찍 끝나서 가야하는데 이왕 늦게 끝나 오랜만에 어머님 뵙고 상담이라고 할라치면 말도 못 붙이게 하셨다. 이유는 퇴근 후 제시간에 차려진 밥상을 받으셔야하는 아버지 때문이었다. 그 여학생의 계획적 성향은 아버지에게서 나온 것이었다.

한 번은 수업 중에 외부에서 어머님께 전화가 왔다. 정말 죄송하다며 2분만 통화 부탁드린다고 하셨다. 통화 내용은 딸의 화장품 주문 확인이었다. 정확히 알아갔음에도 불구하고 그 상품이 없음에 당황하신 어머님의 목소리가 역력했다. 여지없이 딸의 핀잔을 들으며 상품이 없음을 하소연하셨다. 중2니까 하고 넘기기엔 살짝 심했다.

몇 가지의 사건으로 어머님은 딸에게 남편만큼이나 쩔쩔맸던 것 같다. 나중에 학생이 해준 이야기에 엄마가 고졸임을 알았다. 그래서인가 공부 잘하는 딸의 태도가 드셌다. 고졸인 엄마에게 막하는 행동이 그랬다.  아버지에게는 인정받고 싶었던 것이다.

그런 아버지의 기준은 역시 높았다. 그래서인지 조금의 성적의 변화에는 칭찬이란 없었다. 많은 부모님들에게 항상 말씀드리지만 단 1점의 성장도 칭찬을 부탁드린다. 그 한 번의 성장에 대한 성취감이 다음에는 5점, 10점, 20점의 엄청난 성장을 이끌어 낼 수 있기 때문이다.

나와의 수업이 시작되고 수학에 대한 심리전에 자신감이 조금 일어나는 시기에 조금의 수학 성적에 향상이 있었다. 학생도 나도 그리고 어머님도 함께 칭찬하며 기뻐했다. 얼마 안 되어서 아버지를 잠깐 뵐 수 있었다. 나름 어깨에 힘이 들어가 인사를 드렸다. 그런데 반응이 영 호의적이지 않으셨다. 오히려 눈치를 보며 수업에 들어갔다.

그리고 수업이 끝날 때쯤 학생에게 물었다. 성적이 잘 나왔는데 분위기가 그렇다는 뜻을 살짝 비춰보았다. 아버지의 뜻을 알게 되었다. 그 정도로는 아직 멀었다며 오히려 혼났다고 했다. 그렇게 그 여학생은 성취감을 맛보지 못했다. 우리의 심리전은 그렇게 수포로 돌아갔고 성적은 다시 제자리가 되고 말았다.

항상 학생을 처음 만나면 수학 선생님이지만 수학만 살펴보지 않는다. 지금 이 학생의 내면에 공부를 하는데 큰 장애물은 없는지를 살펴본다. 그 부분을 해결하지 않으면 공부는 모래성 쌓기가 돼 버리기 때문이다. 내면의 중심에는 많은 부분이 부모님과 연결되어 있다. 학습적인 부분은 뇌에서 시작되는 부분이라 오히려 기계적으로 논리적으로 습관화하거나 진행할 수 있다. 그런데 그 뇌를 움직이는 원동력은 가슴속 힘이다.

지금 당장은 뇌를 강하게 자극을 주어 성적을 올릴 수

있다.　부모님이 원하는 대로 외재적 동기로도 마찬가지다. 그러나 가슴에서 신호를 주고 뇌와 힘들어하는 시기가 온다. 가슴에서 병이 나거나 뇌가 문제가 생기거나 둘 중의 하나일 것이다. 가슴에서 병이 나서 자존감이 바닥이 나거나 우울증에 걸리기도 한다. 뇌에 문제가 생겨 급작스럽게 자살을 시도할 수도 있는 것이다 요즘같이 부모를 죽이고 길 가던 사람을 마구 때리는 것은 뇌가 제대로 고장난 것이다.

인성은 바로 나 사랑하기부터 시작이다. 나를 사랑할 줄 모르니 남을 사랑하는 것은 생각조차 못하는 것이다. 나를 사랑하는 그 시작점에 바로 자존감이 있다. 그 자존감은 어릴 때부터 키가 크듯 커가야 하는 것이다. 시험을 잘 봐야 예뻐해 주는 외재적 동기 말고 스스로 내재적 동기를 가질 수 있는 가슴의 자존감이라는 힘을 키워주자. 그것이 인성교육의 기본적 내재적 동기가 될 것이다.

# 5. 건강한 신체에 건강한 인성

"고3들의 체육시간은 자습시간이다"

인생의 가장 큰 시험인 수능을 위해서 한 시간이라도 아까운 아이들을 위해 체육할 시간이 어딨냐는 학부모의 의견을 반영한 것이다. 몇 년 전만 해도 이런 의견이었다. 얼마 전 본 신문기사에서는 고3의 수업시간이 모두 사라졌다고 한다. 오직 자습만이 있을 뿐이다.

한 문제라도 더 풀어야 하는 간절함을 반영하는 듯해서 언뜻 이해도 간다. 그러나 가장 중요한 건강의 챙겨야하는 체육시간이 없다는 것은 잘못돼도 단단히 잘못되었다. 정말 중요한 정신적 신체적 건강을 챙기지 않는 우리아이들의 미래가 걱정될 뿐이다.

둘째아이를 임신했을 때 가르치던 학생이 있었다. 아버님은 지방에서 근무를 하셨고 어머님은 밤낮으로 바쁘신 직업이셨다. 내가 가르치던 고2의 남학생과 중학생의 남동생이 집에 있었다. 임신을 한 상태여서 힘든 상태인데도 계속 수업을 유지할 수 있었던 이유가 있었다. 그래서인가 기억에 무척 남는다.

내 아이를 갖고 나서부터 아니 결혼을 하고 나서부터 수업을 하면서 특이한 버릇이 생겼었다. 집안의 분위기와 학생의 성장배경을 보기 시작했다. 그래서인가 그 무던한 성격의 학생을 관찰하기 시작했다. 무던하게도 특별한 연락 없이 시간을 크게 변경하지 않았다. 별 미안함도 없이 가볍게 수업을 취소하거나 변경하는 여느 학생들과는 달랐다.

그리고 시간을 참 잘 지켰다. 그 학생의 성적을 정확히 알기 전까지는 그냥 중상위권정도로 알고 있었다. 어머님도 학생도 그렇게 표현해주시니 그런 줄만 알았다. 그런데

3개월 정도의 수업을 해보니 남다른 점을 느꼈다. 그리고 마침내 성적을 보게 되었다. 정말 별 스트레스 없이 문안하게 상위권을 유지하고 있었던 것이다. 남다른 점이란 수학문제에서의 최고수준의 문제의 숙제를 별 짜증 없이 해온다는 것이다.

수업을 할 때의 내 나름이 철학이 있다. 달리기 선수가 결승선을 향해 달리는 것보다 결승선을 넘어선 목표물을 두고 뛰는 것이 더 효과적이다. 그래서 학생의 스타일에 따라 다르지만 학생의 능력이 조금씩 보이기 시작하면 그 능력보다 조금 더 높은 과제를 제시해본다. 그런데 바로 이 학생이 그런 친구였다. 그냥 어디까지 해오나 싶을 정도로 숙제를 꾸준히 늘려보았다.

처음엔 오호 제법인데 했던 과제수준이 점점 올라가도 별말이 없이 숙제를 해오는 것이었다. 그렇게 해오던 어느 날 물었다. "숙제하기 너무 힘들지 않니?" 했더니 처음으로 학생이 웃으며 "네 요 며칠은 좀 힘들었어요." 하는 게 아닌가. 이 학생의 특징은 도전과제가 생기면 일단 큰 불평불만 없이 해본다는 것이었다.

대부분의 많은 학생들의 반응은 자기가 할 수 있는 결승선도 가기도 전에 짜증부터 낸다. 숙제를 내기도 전에 학교숙제가 많다며 짜증을 낸다. 자기공부를 위해 해야 할 숙제를 안 해놓고도 너무 당당하다. 변명도 참 다양하게 말이다. 왜 숙제가 많아졌냐. 학교숙제가 많았다, 학교에서 행사가 있었다, 요즘 컨디션이 안 좋다 등등 끝없는 핑계를 댄다. 이런 학생은 선행은 꿈도 못 꾼다. 그저 학교 진도나 맞춰 따라가면 그나마 다행이다. 심지어 시험전날까지 그 기본의 기본인 교과서마저도 한번 다 보지 못하는 학생도 많다.

더욱 이 학생을 연구하는 싶은 마음이 생겼다. 어떻게 하면 저렇게 우직한 성격으로 클 수가 있을까? 수업을 하며 가족관계를 그렇게 자세히 물어보지는 않는다. 그런데 자주 보이지 않는 아버지와 바쁜 어머니가 궁금해지기 시작했다. 그런데 이렇게 무관심한속에서도 학생이 누구의 잔소리 없이 자기 일을 잘해나가는 것이 더 궁금해졌다.

아버지는 직장에서 지방으로 발령을 받으셔서 주말에만 오신단다. 그리고 어머니는 직장에서 책임자라서 아침에 나가셔서 밤늦게나 들어오신단다. 식사는 우리 수업 중에도 가끔 나의 임신을 생각하셔서 배고프시면 안 된다며 배달의 음식을 맛있게도 많이 시켜주셨던 기억이 난다.

주말에만 만나는 아버지이지만 성적이야기보다는 진로에 대한 이야기를 많이 나눈다고 했다. 그리고 한가지 더, 바로 함께하는 운동시간이었다. 그러고 보니 이 학생의 특징이 바로 건강함이었다. 학교가 끝나면 수업시간이 들어오기 전에 농구를 하다 10분 이내로 늦는 경우가 있었다. 그리고 수업으로 인해 농구를 못하고 들어왔을 경우 수업이 끝나고 나면 꼭 농구공을 들고 함께 나갔다. 학교까지는 못가도 동네 농구장에서라도 농구를 해야겠다며 나가는 습관이 있었다. 정말 멋진 건 얼굴이 아니라 건강한 신체였던 것 같다. 내가 여고생이었다면 이런 진가를 알아볼 수 있었을까?

그 최고수준의 문제를 풀다가도 잘 안 풀리면 한밤중에

도 아파트 농구장에라도 잠깐 나갔다 온다고 했다. 그리고 학교과제든 내 수업의 과제든 밤을 새서라도 해내고야 마는 것이다. 이건이 바로 건강한 신체에서 나오는 힘인 것이다. 이것은 공부의 힘뿐만 아니라 이 학생의 인성에서도 흘러나왔다. 항상 예의바르고 짜증이 없고 무던하고 우직한 성격 말이다.

사사건건 짜증이 많은 학생들을 보면 유난히 몸도 약하다. 건강한 성인도 몸이 아프면 짜증이 난다. 그런데 공부만 한다고 자리에만 앉혀놓은 학생들이 건강과는 거리가 멀어지면서 오히려 짜증과는 가까워지는 반비례관계를 갖게 되는 것이다. 그래도 초등학교 때는 태권도, 줄넘기와 관련된 신체활동을 유지한다. 그런데 정말 신체활동이 더욱 왕성해야할 중학교 때부터 신체활동이 급격히 줄어든다. 우리나라의 유명한 몇 사립학교에서는 새벽마다 일정한 신체활동을 시간표에 의무적으로 운영하고 있는 것도 본적이 있다.

우리나라 학생들이 해외유학을 가서도 가장 힘들어하는

것 중에 하나가 체육활동이란다. 방과후의 3시간정도가 체육활동인데 어릴 때부터 단련된 그들의 활동을 따라갈 수가 없는 것이다. 이것은 사회생활에도 이어진다. 업무를 잘 해내는 능력은 실력보다 체력으로 좌우된다고 해도 과언이 아니다.

비교가 될 만큼 예민했던 고3 여학생은 공부의 성적은 좋았으나 친구의 문제를 예민하게 받아들이고 끝내 소화하지 못해 병원에 입원을 했다. 고3에게 한 달의 빈공간은 세달 정도의 타격이다. 끝내 성적의 하락을 잡지 못하고 재수를 하겠다는 연락을 받았으나 어떻게 이겨내고 어떻게 잘됐을지, 사회에 나와서도 잘 적응을 했을지 궁금하다.

그렇게 그 남학생은 부모님의 응원과 스스로의 체력 단련 그리고 무던하고 우직한 인성으로 당당히 의대에 합격했고 지금은 의사이다. 의사여서가 아닌 건강한 신체에 건강한 인성의 멋진 제자이다. 아마 의사의 역할도 무던히 멋지게 해내고 있을 것이다.

자녀의 건강한 인성을 위해 인내를 지닐 수 있는 건강한 신체부터 챙겨보자.

# 6. 실패를 극복한 긍정인성

"망했어."

입버릇처럼 말하는 학생들이 있었다. 분명 완벽하게 공부를 마쳤고 큰 실수를 해서 한두 개 틀린 다해도 큰문제가 되지 않는 학생이었다. 흔히 학생들 사이에서는 꼭 공부 잘하는 애들이 저런 소리한다며 재수없어하기도 한다. 정말 공부 잘하는 학생들이 그러면 나도 그렇게 느끼기까지 했다. 내 학생들 중 가장 성적이 좋았는데도 그말 할 때는 짜증스럽기까지 했었다.

사람은 말한 대로 된다고 한다. 그것은 확실하다. 입증된 사실들이 세계 곳곳에서 일어나고 있다. 나도 경험했다. 그래서 많은 성공자들의 자기개발서에는 빠지지 않는 일이다. 아침마다 목표를 외치라고 말이다. 아직 그런 것에 경험하지 못한 청소년들이라고 이해하기엔 너무 입버릇처럼 한다. 시험 기간 내내 처음부터 끝까지 '망했어.'를 외치는 친구치고 훗날 잘되는 친구를 본적이 없다. 그래서 말리기 시작했다.

뇌는 울거나 웃는 상황을 인지하지 못한다고 한다. 이유를 모른다는 것이다. 그냥 웃으면 좋은 호르몬이 나오고 화를 내거나 울면 나쁜 호르몬이 나온다고 한다. 입버릇처럼 말할 거면 뇌가 기분 좋은 상태가 되는 좋은 말을 해야 할 것 같았다. 그래서 학생들과 약속했다. 적어도 내 수업 시간만은 하지 않기로 말이다. 대신 그 말이 입에서 나올 것 같으면 다른 말을 외치도록 약속했다.

"잘됐어요." 라고 말이다.

그 말을 하면 숙제라도 줄여가며 강요했다. 처음엔 억양은 '망했어요.'처럼 처진다. 어이없어 웃기까지 하며 말이다. 그리고 변하기 시작했다. 그 말을 하며 시작하는 수업들은 분위기도 밝아지기 시작했다. 그리고 학생의 표정도 밝아졌다. 중간에 포기하지 않고 잘 따라와 줬던 학생들은 성적이 좋아지기까지 했다.

그래서 한 가지를 더 해보았다. 고등학교 수학이 무르익어갈 때 학생들의 한계를 느끼게 하는 문제들이 있다. 모의고사에서 4점짜리로 자주 나오는 유형들이다. 그리고 학생들마다 싫어하는 문제 꼴이 하나씩은 꼭 있다. 마치 세상 살다보면 주는 것 없이 미운상대가 있듯 말이다. 그 문제가 나올 때마다 인상을 쓴다. 그때까지 잘 풀던 문제가 모두 막힌다. 기분이 상하고 자신감이 떨어지기 때문이다. 주문을 만들었다.

'아이 좋아라.' 라고 말이다.

그런 문제가 나올 때마다 박수를 치면서 말하기로 말이다. 누가 보면 미쳤다고 할 상황이다. 그러나 했다. 민망할 것 같아 같이 했다. 같이 박수를 치며 외쳤다. 그리고 문제를 풀었다. 그런데 신기하게도 그 문제가 풀렸다. 그렇게 반복하고 나니 더 이상 그 문제는 그 학생의 한계가 되지 않았다.

시험을 보기 전에 학생들과 이미지메이킹을 한다. 내일 시험이 벌어지는 똑같은 상황을 해보는 것이다. 특히 수능 보는 학생들과는 빼먹지 않고 하는 것이다. 눈을 감고 교실의 상황을 생각한다. 춥지도 않고 덥지도 않은 적당한 온도와 조명을 느껴본다. 그리고 감독관이 들어오고 시험지가 내 눈 안에 들어오는 상상을 한다. 내가 아는 문제가 다 나온 시험지를 상상해보는 것이다. 문제가 척척 잘 풀리는 상황 말이다. 찍어도 맞는 상상을 말이다. 마치 올림픽 선수들이 시합전날 하는 것과 같이 말이다.

대부분의 사람들이 부정적인 상황은 잘 상상한다. 내가 저기 가다가 넘어지면 어떡하지? 집에서 나오면서 가스불을 안 끄고 나가면 어떡하지? 이번 시험에 떨어지면 어떡하지? 와 같이 말이다. 긍정적인 상황을 상상하자. 그러면 긍정적인 인성이 길러진다. 그것이 세상을 살아나가는 힘이 될 것이다.

한 연예인 어머님이 했던 말이 생각난다. 애들을 혼낼

때도 부정적인 말보다 긍정적인말로 혼내라 고했다. "너 어떻게 되려고 그러냐? 큰일이나 못난 놈아 등등 "보다는 "이 잘될 놈아" 라고 말이다. 이 우주의 에너지는 긍정적인 에너지를 발산하는 사람에게 반응을 하게 돼 있다.

# 7. 인성으로 행복한 세상

'행복지수가 가장 높은 나라'

세상에서 가장 행복지수가 높은 나라는 어떤 나라일까?

돈이 많은 나라? 공부를 가장 잘하는 나라? 모두 아니었다. 바로 자연과 함께 하고 문명이 많이 개방되지 않은 나라였다. 같은 질문을 사람으로 바꾸어보자.

세상에서 가장 행복한 사람은 누구일까? 돈이 많은 사람? 공부를 잘하는 사람 ? 역시 아니다. 자연과 같이 산과 물 같은 사람이다. '산은 산이고 물은 물이로다' 법정스님이 하신말씀처럼 말이다. 우리는 무엇이 꼭 되어야 행복한 것이라고 생각한다.

결과중심의 문화에서 멀다면 행복할 것이다. 시험기간 이어서 그 기간만이라도 열심히 해보려는 학생들이 예쁘지 않은가? 꼭 결과가 좋아야 칭찬을 하는 문화가 우리를 힘들게 하는 것이다. 과정중심이 아닌 결과중심 말이다.

반에서 1등만 하면 행복할 것이라고 생각했던 학생이 있었다. 반에서 1등을 하고 마냥 좋지 않은 이상한 기분을 느낀다. 허탈감이라고 할까? 그다음엔 전교1등, 대학합격, 대기업에 취업, 결혼, 출산, 집장만 등등 끝없이 이어지는 결과중심사회에 이루어내고 나면 행복할 줄 알았는데 말이다.

그렇게 달려온 한국의 청소년, 청년들이 행복하지 않다고 외쳐대고 있다. 뭐가 잘못된 걸까? 정말 행복이라는 것은 뭘까? 바로 과정중심의 문화에서 서로 칭찬하고 격려해보면 어떨까? 법륜스님의 특강에 많은 질문 중에 이와 같은 질문이 있었다. 그렇게 열심히 달려온 청년이 대기업에 취업해서 다니고 있는데 행복하지 않다고 말이다. 그래서 직업을 바꾸면 행복할지 고민이라고 말이다.

과연 그 청년이 직업을 바꾸면 행복할까? 그 사람은 직업을 바꾸어도 행복하지 않을 것이다. 법륜스님의 말씀처럼 행복은 불행하지 않으면 행복한 것이다. 우리는 행복을 굉장히 큰 결과가 있어야 한다고 생각한다. 그 결과를 위해 가는 과정 속에서 감사를 느낀다면 행복할 수 있다.

시험을 잘 보기 위해 한 단원씩 알아가고 그 과정에서 즐거움을 느낄 수 있어야 한다는 것이다. 국어시간에 시를 외우고 그 내포된 의미를 외워 시험을 잘 보는 것이 무슨 의미가 있을까? 그 시를 한번이라도 음미하며 그 작가가 되어 느껴보는 것이 진정한 문학시간이 아닐까? 그 과정 속에서 시가 되어보고 작가가 되어보고 시의 주인공이 되어보는 국어 시간 말이다.

요즘 한국사를 모르는 심각한 상황에서 한국사시험을 수능필수과목으로 만들었다. 이것이 무슨 의미가 있을까? 아주 모르는 심각상황에서 시험이라도 보려고 역사적 인물을 외우는 임시방편은 될 수도 있다. 그러나 설민석처럼 가슴에서 우러나오는 역사적인물의 해석을 할 수 있을까?

인문학과 역사처럼 그 속에서 지혜를 알고 그 희열을 느낄 수 있는 것이 중요한데 말이다. 정말 중요한 것을 놓치게 되는 것은 아닐까?

우리 청소년과 청년들이 한국사의 역사를 알고 지금의 삶의 감사함과 행복감을 느낄 수 있기를 바란다. 그 감사와 행복 속에서 긍정의 마음이 우러나올 것이다. 우리가 돈이 많건 적건 공부를 잘하건 못하건 상관없이 세상을 행복하게 살 수 있는 긍정의 마음 말이다. 그러기 전에 그들의 부모의 마음을 먼저 행복하게 해야 한다. 자녀의 성공을 마치 자신의 성공으로 생각하는 부모의 결과중심의 문화부터 과정중심으로 말이다.

사회에 나와 보면 정말 돈과 공부가 다가 아님을 더 잘 아는 부모들인데도 말이다. 세상의 많은 일들을 긍정적으로 바라보아야하는 부모가 자녀를 긍정적이고 행복하게 할 수 있다. 무언가 하나를 성취했을 때도 칭찬과 격려를 아끼지 않는 부모가 되자. 우리자녀에겐 그런 특별한 그들만의 재능이 있다는 것을 믿고 말이다.

# 인성으로 보는 세상

실제 운전을 하는 것과 운전면허를 따는 것은 다르다. 면허를 따고도 도로연수를 따로 받는 경우가 바로 이 경우이다. 자동차라는 기계를 조작하는 것과 실제 도로에서의 상황에서 대처능력과는 다르다는 것이다.

인성도 마찬가지이다. 인성교육을 용어로 정의하고 상황을 글로 읽으며 배우는 것도 필요하다. 그러나 실제 상황에서 인성을 경험하고 느낄 수 있게 교육하는 것이 중요하다. 인성덕목을 줄줄이 외우고 말은 하면서 가정과 학교 그리고 사회에서 얼마나 적용되고 있는 것일까?

어른들도 헷갈리는데 아이들은 어떨까? 매일 뉴스와 신

문 그리고 드라마에서 영화까지 하나같이 쏟아지는 사건들과 장면은 인간의 가장 파렴치한 부분을 보여주고 있는 것 같다. 정말 가슴 따뜻하고 감동스러운 이야기는 묻혀가는 것 같다. 그러니 가끔 무엇을 가르쳐야하는지 헷갈릴 수밖에 없다.

하루는 중학생 딸이 하교를 하고 한숨을 쉬며 이야기를 시작했다.

"엄마 그래도 초등학교 때는 선생님께서 반에서 문제가 일어나면 도덕 교과서 안에서 생각할 수 있게 조율해주셨는데 중학교 오니까 그런 게 없어. 모든 게 성적위주네. 이상해"

이말에 놀라기보다 그 연령대가 벌써 많이 내려왔구나라는 생각이 들었다. 그리고 가슴이 답답해왔다. 이런 세상에 정도를 걷는 게 얼마나 힘든지 벌써 알게 되었구나 하는 생각이 들었다.

내가 한 남고에서 교생실습을 할 때였다. 여기저기 대학교에서 온 교생선생님들과 함께 어울려 학교생활을 시작하게 되었다. 처음 사회경험을 하게 되는 기분이었다. 체육대회를 하는 날이었다. 릴레이 계주를 교생선생님을 중간에 배치하게 되었다. 다행히 우리 반에는 육상선수가 있었다.

100미터를 21초에 달리는 실력이었기에 그 친구덕분에 망신은 면해야지 하는 생각이 가득했다. 계주가 시작되었다. 앞에서 뛰는 우리 반 학생들이 잘 뛰어주어 난 바턴을 받아주고 열심히 뛰기 시작했다. 교생선생니들 타임이기에 분위기는 더 고조되었다

그런데 갑자기 이상한 느낌이 들기 시작했다. 난 지구가 거꾸로 돌아가는 줄 알았다. 마치 영화처럼 내 몸은 내 생각대로 앞으로 나아가지 않았고 옆에 뛰는 교생선생님들이 앞으로 나아가기 시작했다. 뒤를 보았더니 한 교생선생님이 내 옷을 잡고 있었다. 끝내는 나를 밀치고 앞으로 나가기 시작하는 것이다. 황당하고 어이없고 뭐라 말할 수 없는 당황스러움에 난 잠깐 정신을 차릴 수가 없었다. 그러나 정신을 차리고 마지막 계주선수였던 육상선수에게

바턴을 주고 다행히 그 친구덕분에 꼴찌를 면하게 되었다.

누가 봐도 어이없는 상황이었다. 내가 뛰느라 뒤를 못 보았던 터라 추후 학생들의 상황설명을 들어보았다. 나를 잡았던 교생선생님이 내 뒤를 쫓는 것 같았는데 갑자기 중심을 잃는 것 같더니 내 옷을 잡더란다. 그러나 그러기엔 너무 확 잡는 느낌이었다. 난 힘없이 잡혔고 그분은 나를 지지대삼아 밀어내며 시동을 걸은 것 같은 상황이었다. 누구나 즐기고 신나자는 체육대회인데 싸움을 걸고 싶지 않았다.

그러나 궁금했다. 참지 못한 내 성격에 그만 물어보고 말았다. 왜 그러셨냐고? 말이다. 그랬더니 그분 답이 내 머리를 망치로 때리는 듯했다. 그 반만 너무 잘될 것 같아 잡았단다. 그리고 미안하단다. 육상선수가 있어 너무 유리해보여 잡았다는 말이다. 난 그때 세상을 처음 만났다.

치열한 경쟁의 세상 말이다. 그저 우물 안처럼 학교 집을 왔다 갔다 하던 내가 만난 사회였다. 이겨야하면 누군가를 밟고 올라가야한다는 현실을 만난 것이다. 정말 아무

죄책감이나 거리낌 없이 남 잘되는 꼴을 못 보는 현실 말이다. 우연일지 모르지만 그날 이후로 그때의 호흡이 심한 충격으로 시름시름 끝내는 폐결핵을 앓게 되었다. 아무 의학적인 근거는 없을 수 있다.

그날의 호흡의 충격을 잊지 못했다. 앞으로 달려가던 나를 숨도 못 쉬게 잡았던 뒤의 장력을 말이다. 그래서인지 대학교 4학년 내내 폐가 아프고 여기저기 아프기 시작했다. 사회초년생 앓이를 제대로 한 것이다.

그렇게 사회의 일부분을 보고 난후 임용고시라는 뒤로 숨었던 것 같다. 선생님이 되겠다는 포부보다 세상이 무서웠던 것 같다. 대학을 졸업하고 취직을 하는 친구들을 멀리하고 아침부터 학원으로 교육학을 배우고 밤에는 학원에서 학생들을 가르쳤다.

학교가 인성이 아닌 기술만 가르치면 되는 곳이라고 생각했던 것 같다. 포부가 그 모양이니 임용고시가 잘될 리 없다. 그렇게 시작된 소심한 수학강사의 삶이 시작된 것 같다.

그렇게 수학강사로 20년간 만난 학생들 그리고 학부모님들 속에서 느낀 것은 가정이 바로 서야겠구나 하는 생각이었다. 그래도 인성을 외치며 가는 가정, 학교, 사회가 있다. 그러나 인성이 무너져가는 가정 속에서 자란 학생들이 그 친구들의 가정을 무너뜨리고 학교를 무너뜨리고 사회가 무너져가는 것을 보아왔다.

가정이 바로서야하고 학교가 바로 서야하고 사회가 바로서야 한다. 눈에 보이지 않는 많은 상처들 속에서 서로를 미워하지 말고 보듬어주고 아껴주어야 한다. 그래서 정말 세상은 살만한 곳이라는 것을 알려주기 위한 아니 만들기 위한 날갯짓을 하기 위해서이다. 지금의 인성교육의 진정한 날갯짓이 큰 태풍으로 돌아올 것이라고 굳게 믿기 때문이다.

인성교육에서 중요시되는 덕목들 위주로 하나씩 살펴보자. 이 중 어떤 것도 강조하거나 정답 같은 것은 없다. 각자의 중요한 덕목들을 하나씩 실천해보자. 모든 것이 하나로 통하게 될 것이다.

# 1. 내 안의 인성 - 존중, 정직

■ **존중**

　학원 강사에도 급이 있다. 처음 시작하면 가장 밑바닥
이다. 그래도 수학과를 졸업한 덕분에 대우를 받으며 시작
했다. 하루는 강남의 최고급 학원장의 자제분의 수업이 들
어왔다. 개인수업이기에 수업료도 생각이상이었다. 우리
학원 원장으로부터 실력을 인정받은 기분이었다. 20대는
모든 것을 이겨낼 수 있는 힘이 있다. 바로 열정이다. 그
열정으로 수업을 시작했다. 그러나 그 열정하나를 방해하

는 것이 있다. 바로 20대만의 자존심이었다.

학원 쉬는 날임에도 불구하고 열정하나만으로 집을 찾아갔다. 자녀는 부모의 지위를 가지고 태어난다고 생각하나보다. 그 학생의 자세는 원장 급이었다. 나를 대하는 태도는 딱 가사도우미를 대하는 태도였다. 수업준비는 선생님이 하는 것이다. 수업을 하기 위해 왔으면 알아서 수업준비를 하라는 태도였다. 저 쪽방에 남는 의자를 하나 들고 오라는 것이 내 첫기분을 상하게 했다. 그리고 시작된 수업에는 끝없이 나를 간보는 기분이 들었다. 나중에는 물도 알아서 떠오라는 식의 발언이었다.

저 학생에게 존중받는 사람은 어떤 사람일까? 궁금해졌다. 저 학생의 마음속에 존중은 있는 것일까? 집에 찾아오는 많은 분들이 아버지에게 강의하나 달라며 굽실거리는 선생님들이 대부분이어서 일까 하는 생각마저 들었다. 신기하게 그 학생은 집에 아버지나 어머니가 계실 때는 전혀 다르다는 것이다. 조금이라도 불손한듯하면 아버지의 눈초리가 달라지고 어머님의 인상이 느껴졌다. 그래서인가 그 학생에게 '존중'이라는 덕목은 무척 힘든 것 같아.

스승의 그림자도 밟지 않았던 시절이 있었는지 기억이 나질 않는다. 우리 어머니는 학교선생님이라면 허리가 90도가 꺾어질 정도로 인사하셨던 기억이 난다. 그리고 없는 형편에도 소풍이라도 가면 선생님 거는 최고로 하나 더 샀던 기억이 난다. 그런데 지금은 선생님의 행동과 발언에 핸드폰으로 촬영과 녹음부터 하지 않는가? 그것은 협박이다. 어쩌다 선생님을 존중이 아닌 협박으로 가게 됐는지 모르겠다.

왕따, 일진 최근에 심각한 문제로 대두되고 있다. 그러나 옛날부터 다 있던것다. 심했으면 심했지 덜하지 않았다. 다 알면서도 그것도 이겨내야 하는 것으로 생각했던 것 같다. 그렇게 이겨낸 학생들이 사회에 나가 소수를 대우할 줄 알고 더 큰 인물이 되었던 것 같다. 드라마나 영화에서 봐도 학생때 일진이 이었던 아이들과 왕따를 당했던 아이들이 신세가 뒤바뀐 모습들 말이다. 그렇게 참고 견디며 더 성장했던 것 같다. 그런데 지금은 그것조차 참지 못하고 마치 큰 문제인양 사회적 이슈를 만들어 부모가 나서게 만든 것이다. 존중이라는 인성은 버린지 오래고 말이다.

부모님이 선생님을 먼저 존중할 때 아니 많은 사람들을 존중할 줄 알 때 아이들이 보고 배울 수 있다. 그래서 가장 먼저 시켜야할것이 "인사"이다. 세상에 너무 무서워서 낯선 사람을 경계하는 것부터 가르치는 세상에 인사하기 쉽지 않을 것이다. 그래도 용기내서 인사하기를 가르친다. 난 그래서 어느 장소를 가든지 청소하시는 분께 가장 먼저 인사를 한다. 가장 따뜻하게 받아주시기 때문이다. 세상에는 따뜻한 곳이 많이 있다. 자녀들에게도 그런곳을 먼저 보여주자. 권위적이고 의심 많고 무서운 세상보다 말이다.

## ■ 정직

수업이 없는 오전이었다. 학부모의 전화였다. 학생과 삼자대면을 해야 하니 집으로 당장 오라는 전화였다. 이유는 말하지 않으셨다. 난 황당함과 궁금함에 출발했다. 집안분위기는 살벌했다. 사회초년생이 간부방에 이유 없이 불려가는 기분이랄까? 삼자대면이 시작되었다. 학생, 학부모 그리고 나 셋이 공부방에 앉았다. 어제 수업에 오갔던 말을 확인하는 시간이었다. 요지는 선생님이 학생을 비하하는 말을 했다는 것이다. 그로인해 수업이 끝난 12시간이상을 학생이 울었다는 것이다. 학부모는 선생님이 정말 그런 말을 했는지 확인차 불렀다는 것이다.

어제의 수업을 생각해보았다. 시험이 끝나고 첫수업이었다. 100점을 추구하는 학생과 학부모였기에 무척 신경을 쓰였지만 나로서는 최선을 다해 가리켰다. 그러나 결과는 안 좋았다. 2개를 몰라서 못 풀었지만 1개를 실수까지 하고 말았다. 시험을 보고 나면 시험지를 꼭 분석한다. 이번시험에서 이해 못한 부분을 체크하기 위해서다. 그리고 그 학교의 시험지의 수준을 분석해야 다음시험을 준비할 수가 있다.

사람의 능력은 모두 다르다. 수학을 잘할 수도 있고 잘

못할 수도 있다. 가끔 엄청난 수학의 능력을 가지고 태어난 학생들을 만나 실로 놀라울 때가 있다. 뇌의 특별한 능력을 가지고 태어난 학생들 말이다. 그 친구들과는 고등수학으로는 더 할 것이 없어서 대학수학의 전공책으로 시간 재며 게임처럼 공부를 했던 기억도 있다. 그러나 그와 반대로 정말 해도 안 되는 학생들도 있다. 그러나 그 학생들 중 정말 뼈를 깎는 아픔을 이겨내며 수학을 해내는 학생들을 본적이 있다. 그 학생은 나중에 무엇을 해도 이겨낼 힘이 생겨난 것 같아.

정말 심각한 것은 아픔은 요만큼도 느끼지 않고 쉽게 되기를 바라는 학생들이다. 그 학생은 그 정도까지는 아니었다. 그러나 어느 선까지 이해가 무척 쉬웠다. 그러다 자기의 능력을 넘어선 문제가 나오면 더 들고 파기를 거부했다. 그래서인지 100점은 사실 기대를 하지 않았다. 그런데 시험지분석을 하던 중 학생의 말했다. 이 틀린 문제는 선생님이 더 준비를 해주지 않아서 그런 것 같다고 말이다.

이 학생은 시험 못 본 탓을 하고 싶은 대상을 찾고 있었던 것이다. 나는 이렇게 답했다. 넌 이 문제를 풀 충분한 능력이 있다. 그리고 실제 이 문제를 연습할 때도 나왔었다. 이 문제는 네가 못 푼 것이다. 직설적일수도 있었다. 그러나 선생님 탓을 하는 학생에게 현실을 말해줄 필요가 있었다. 그런데 이것이 학생을 비하하는 말이라며 선생님이 자기를 무시하는 말을 했다고 말씀드린 것이다.

중요한 시험을 100점 못 맞았다는 이유로 단단히 벼르고 있었던 어머님은 12시간이상 눈이 시뻘개져라 울고 있는 딸아이의 말을 듣고 나를 부르신 것이었다. 그래서 그대로 사실을 말씀드렸다. 이것이 따님을 무시한 말이었다면 죄송하고 이일과 더불어 원하는 성적을 못 받았으니 그럼 수업을 그만하겠다고 말이다. 너무 정직했던 것일까? 아니면 어머님과 학생이 정직했던 것일까? 원했던 성적이 나오질 않아 두 사람이 쇼를 한 것에 말려든 것일까?

무척이나 예민했던 학생이었기에 큰 미련 없이 수업을 그만했다. 공부방베란다와 주방베란다가 통해있어서 그 주방 쪽으로 수업을 듣고 계셨다. 직장을 다니셨던 어머님은 자녀의 육아와 교육을 위해 과감히 직장을 그만두셨다고 했다. 문과의 교육은 어머님이 담당하고 계셨고 이과의 교육은 좀 더 체계적으로 시작해서 선행을 하고 싶으셔서 수업을 맡기셨던 것이다.

그 주변의 수업을 많이 하고 있던 터라 소식을 들은바에 의하면 특별한 고등학교를 준비하던 그 학생은 너무 예민한 나머지 원형탈모증이 생겼다고 했다. 그룹수업을 하던 친동생한테 들은 이야기니 사실이었다. 어머님과의 끊임없는 신경전과 예민함의 결과일 것이다. 그 학생이 고등학교를 가고 대학을 갔을 때 과연 인생을 즐기며 살수있을지 모르겠다. 스스로가 안 되는 일을 남의 탓으로만 돌리려고 하다 보니 "정직"이라는 거울을 볼 수 없었으니 말이다. 그것도 어머님이 함께 말이다.

세상에는 많은 상황들이 생긴다. 누군가의 잘못이 있든 때로는 없든 말이다. 상황이 참 안 좋게 풀리는 것은 정말 인간의 힘으로 어떻게 할 수 없을 때가 있다. 그리고 설사 누군가의 사소한 잘못으로 시작되었을 때 잘못을 인정하고 용기 낼 수 있는 사람이 몇 명이나 될까?

스스로가 정직이라는 거울을 직시하고 '미안하다'라는 말을 시작하면 풀릴 일들이 참 많다. 난 상황이 어찌됐든 그 학생이 무시하는 것으로 받아들이게 말을 한 잘못을 정직하게 받아들이고 사과를 했다. 그러나 난 끝까지 그 집을 나올 때까지 사과를 받지 못했다. 성적은 그 학생의 노력과 인내의 결과이고 책임이다.

이렇게 공부와 성적을 위해 스승을 위한 존중도 그리고 정직도 챙기지 못하고 청소년시절을 보내고 있다. 그렇게 자란 청소년이 사회에 나가 모든 상황을 어떻게 받아들이고 대처할 것인가? 누구를 존중하고 누구에게 정직하겠는가? 자기 스스로를 존중하고 자기 자신에게 정직한 사람이 된다는 것을 일상생활에서 배우고 자라야하는데 말이다. 성적으로 무시당하고 성적 뒤에 정직하지 못한 일상이 모두 상처가 되어가는 것이다.

수업을 하면서도 기분 좋은 가정이 있다. 성적이 향상돼서도 아니고 수업료가 많아서도 아니다. 학생을 만나면 긍정적이다. 공부가 어렵지만 도움을 받아서라도 잘해보고 싶은 마음이 많다. 그리고 부모님을 뵈면 더 기분 좋아진다. 가끔 뵙는데도 밝은 인사와 수고하신다는 말씀으로 시골에서 올라온 감자와 고구마를 나눠주시기 까지 하신다. 드릴게 없다면서 말이다. 그 어떤 값진 선물보다 소중하다. 물 한잔을 내어주셔도 소중하게 주신다. 미안하다며 더운데 급하게 떡볶이까지 만들어주시는 어머님도 계셨다.

세상을 살아가는 데는 성적이야기보다 이런 소소한 정이다. 잘나가고 돈 많이 버는 물질만능주의의 세상보다 서로 나누는 정말이다. 사정이 안 좋아 수업을 그만두겠다는 말을 하셔도 그런 학생은 계속 맡았던 기억이 난다. 내가 받은 존중과 정직에 대한 보답은 그것으로도 부족한데 말이다.

# 2. 가정의 인성

## ■ 효도

성적만을 요구하던 어머님을 살해하는 사건, 게임을 하
느라 자식을 굶겨 죽인 사건 등 매스컴마다 참으로 어이없
는 사건들이 줄을 잇는다. 홀로된 부모님을 버리고 연락을
끊고 사는 것은 이제 다반사다. 얼마나 살기 힘들어 그렇
게까지 했을까 이해하려다가도 그 속사정을 들어보면 어
이가 없다. 이런 세상에 효도!! 우리는 효도를 큰 것이라고
생각한다. 사실 이렇게 말하는 나도 효도이야기에 자신 있

지는 않다.

어릴 적 부모님을 속상하게 했던 사람들이 커서 효도를 많이 하는 경우가 많다. 왜 그럴까? 우리나라의 부모님들은 언젠가부터 자식을 상전 모시듯이 한다. 공부만 잘하면 무엇이든지 용서하는 태도 말이다. 그러나 그렇게 키운 자식 치고 부모에게 효도한다는 이야기는 들어본 적이 없다. 오히려 어릴 적 엄청 속 썩이던 자식들이 철 빨리 들고 하던 일도 잘돼서 부모님께 효도하고 잘산다는 이야기는 많다.

부모에도 유형이 있다. 사람의 유형처럼 말이다. 부모가 되고 난후 부모공부를 하며 알게 되었다. 그런데 유형마다 떠오르는 학부모가 있다. 3가지의 유형이 있다. 첫 번째는 권위 형이다. 대한민국에서 가장 많이 볼 수 있는 유형이다. 부모님은 하늘이다. 그래서 부모님의 말씀이 곧 법이다. 만약 그 법을 어겼을 경우는 다양한 벌칙이 따른다.

자녀가 기를 펴지 못한다고 할까 안쓰럽기까지 한 학생이 있었다. 부모님이 무서워서 눈치만 보고 있는 학생이었다. 성적이 떨어지면 대학을 못가는 것이 두려운 것이 아니라 그로인해 부모님께 혼날 생각에 벌벌 떠는 친구들이 있었다. 중간에서 학생을 도와준다고 대안을 제시하고 설득하느라 진땀을 뺀 적이 있다.

반대로 방임형이다. 너무 맘대로다. 부모님인생의 주인공은 부모님이다. 자녀의 인생은 자녀가 알아서 해야 한다는 주의다. 너무 나 몰라라 해서 내가 식사를 챙겨준적도 있다. 그러나 그런 부모일수록 수업 외에 더 챙겨준것에 대해 오히려 화를 내신다. 그래서 수업까지 그만둔 적이 있었다. 독립심을 키워주는 것이 그 부모의 철학이었던 것이다.

그런데 가끔 그 부모의 꾐에 부모님이 넘어가시는 경우도 있다. 실제 부모의 철학이 그런 것이 아닌데 자녀가 스스로 알아서 잘할 거라는 생각에 방치한다. 정신을 차려보니 자녀의 상태가 챙기기에는 너무 방치해버린 상황이 될 때이다. 특히 고등학교진학하고 대학을 생각해야할 때 그렇다. 복구할수없을것같은 상황이 돼 버린 것이다.

부모님 두분다 교수님이셨다. 본인의 공부를 더 열심히

하시는 상황이셨다. 그리고 위의 언니, 오빠가 알아서 공부를 잘했다는 것에 자부심이 높으셨다. 그런데 막내는 그런 성향이 아니었던 것이다. 언니, 오빠가 너무 잘해서 막내의 부담감이 작용했을 수도 있다. 언젠가 알아서 잘하겠지라는 마음에 방치를 하신 것이다. 그것이 집안의 교육철학이기도 했다. 그런데 고등학교를 진학하고 상황의 심각성에 급한 마음으로 수업이 시작되었다.

초등학교 분수의 덧셈, 뺄셈부터 다시 시작해야했고 중학교의 인수분해라는 난관을 넘어야하는 순간까지 방치하신 부모님이 원망스럽기까지 했다. 그렇게 고비를 넘어 대학의 문을 넘긴 했지만 부모님과 언니, 오빠 눈에는 실패자로만 보였던 것이다. 그 학생에게는 해냈다는 성취감보다 다시 한 번 낙인이 찍히는 순간이었다. 이 학생에게 마음에서 우러나오는 효도는 찾아볼 수 없을 것이다. 아니 그것보다 자기인생의 주인공이 되고 자신감을 찾는 것이 오래걸릴것같아 마음이 아플 뿐이었다.

가장 이상적인 유형은 바로 민주형이다. 권위형과 방임

형의 적절한 조화 말이다. 권위적이어야 할 때와 방임형이어야 할 때를 아는 부모가 몇 명이나 있을까? 부모이기 이전에 한사람의 인간이다. 권위적이고 싶으나 그러지 못한 날이 있다. 특히 맞벌이 하는 부모 말이다. 규칙을 정해놓고 강하게 못 밀어붙이는 경우가 있다.

마치 일하러 나가는 것이 못내 미안한 마음이 들기 때문이다. 장난감을 사달라고 떼쓰는 아이 앞에서 철저하게 무너지는 순간이 그렇다. 방임형이어야 하는 순간도 마찬가지다. 아이의 인격을 존중해야할 때 그날의 기분으로 이성을 잃고 끝내 손찌검까지 하며 권위적이 돼 버린다. 잠이든 아이 앞에서 후회하고 있는 자신을 발견하게 된다.

무엇이 문제일까? 나뿐만 아니라 많은 부모님들의 마음이 그렇다. 이 문제를 위해 많은 부모교육서를 읽었다. 가장 와 닿았던 것이 유태인부모였다. 그래서 전 세계적으로 유명한지도 모르겠다. 그들에게는 정해진 율법이 있었다. 오래도록 전해 내려오는 규칙과도 같다. 그래서 한동안 하브르타를 공부해보려고도 해봤다.

도대체 어디서부터 어떻게 따라해야할지 감이 잡히지 않았다. 랍비와 같은 현자는 없을까하며 부모교육을 받으려도 다녔다. 우리나라의 전통사회 방법은 변화한 현대문화와 맞지 않았다. 서양문화의 방법은 참 어색하기까지 했다. 그러던 중 가장 한국문화에 잘 맞는 교육학자를 찾을 수 있었다.

루돌프 드라이쿨스라는 교육학자였다. "미움 받을 용기"로 핫한 아들러학파의 교육학자였다. 아들러가 한국에서 인기를 끌 수밖에 없는 이유가 있다. 남들에게 미움 받더라도 용기를 내어 자기가 하고 싶은 것을 하자이기 때문이다. 한국은 유독 남의 시선을 따진다.

외국인들이 우리나라에 와서 가장 놀란 것이 외모였다고 한다. 모두 연예인처럼 화장을 하고 꾸미고 다닌다는 것이다. 한결같이 말이다. 그만큼 우리는 남들의 시선을 의식한다는 것이다. 정말 자신이 원하는 것을 보지 못한다는 것과 같다.

그러니 행복하지 않았던 것이다. 부모도 마찬가지다. 남들이 보기에 잘키워야하는 것이다. 내 자녀가 정말 원하는 것이 중요하지 않다. 자녀의 성적이 곧 내 성적이다. 그러니 자녀의 이야기를 들어줄 수가 없는 것이다. 그것의 대물림이 지금과 같은 세상을 만든 것이다.

나조차도 행복하지 않은데 누군가와 만나 행복할 수 있을까? 나도 책임지지 못하는데 자식을 낳아 어떻게 책임질 수 있을까? 하고 말이다. 결혼율과 출산율이 최저인 한국이 돼 버린 것이다.

나 먼저 행복하자는 아들러가 일침을 가한 것이다. 아들러학파 루돌프 드라이쿨수도 부모로서의 역할을 현실적으로 제시했다. 권위적일 때와 방임형일 때를 말이다. 권위적이어야 할 때는 사전작업이 필요하다. 바로 규칙이다. 이 규칙 역시 부모가 정한 것이 아니다. 바로 가족회의를 거쳐 정해진 규칙이어야 한다. 즉 자녀와 부모의 합일점을 찾아야한다는 것이다. 그 규칙을 지키지 못했을 때 부모는 자녀에게 철저히 방임적이어야 하는 것이다.

부모 자식 간의 가장 이슈가 된다는 방청소를 예로 들어

보자. 부모가 제시하는 방청소의 기준과 자녀가 제시하는 방청소의 기준의 합일점을 찾았다고 하자. 그 규칙을 지키지 못해 생기는 불이익에 대해 철저하게 자녀가 책임져야 한다는 것이다. 그럴 때 부모는 책임을 지는 자녀가 안쓰러워 해결해주면 안된다는 것이다. 바라보고 있어야하는 방임형이 되어야 한다는 것이다.

교복을 빨아야하는 시기에 적어도 빨래통에 넣어놓기로 규칙을 정했다. 방에 굴러다닌것에 대해서 엄마가 간섭을 안하는 조건이다. 그런데 전날 무엇이 묻은 것을 깜빡한 것이다. 다음날 입고 갈 교복이 없는 것이다. 모두 상태가 말이 아니었던 것이다. 엄마는 알면서도 교복을 빨래통에 넣어놓지 않았음에 방임했던 것이다.

다음날 더러운채로 교복을 입고 가는 것으로 책임을 감수해야한다. 학교에서 용모에 대한 벌칙을 받는것까지도 말이다. 그런다면 다시는 교복을 더러운채로 방에 굴러다니게 되지 않을 것이다. 그러나 우리나라의 많은 부모님들은 그 모습을 내버려두지 못한다. 내 자식의 모습이 바로 곧 내 모습이기 때문이다. 내가 행복하지 않음에 자식을 통해 승화하려는 마음이 크다.

효도는 내가 행복해야 할 수 있다. 그렇게 행복하게 해준 부모님께 감사를 드릴 수 있는 것이다. 모든 부모가 자녀가 행복해지기를 바란다. 그럼 부모 자신부터 행복해지자. 그런 부모를 보는것부터도 자녀가 행복해질 것이다. 그리고 부모와 자식간의 서로 행복해지기 위한 간단한 것부터 규칙을 세우고 지켜보자. 규칙을 어기며 생기는 상황에 대한 책임감은 자연스럽게 길러질 것이다. 어렵고 복잡하게 생각하지 말자. 단, 5분만이라도 모여서 서로가 행복해질 수 있는 구심점을 찾아보자. 그것이 바로 효도의 시작이다.

## ■ 소통

' 지금 누구랑 통화하신거예요? '

딸들과 통화하고 나면 받는 질문이다. 난 우리 딸들과

존댓말로 대화한다. 다들 존경의 시선으로 묻는다. 사실 시작은 그렇지 않은데 말이다. 난 무척 욕을 잘했다. 지금 청소년들이 욕을 하는 이유와 같았다. 뭔가 있어 보여서였다. 그런데 크게 하진 않았다. 나름의 스트레스 해소정도였다.

자녀를 키우기 시작하면서 문제가 되었다. 집안에는 아무도 없다. 딸들과 나였다. 마음대로 해도 됐다. 내 마음에 들지 않으면 정말 내 마음대로 해도 누가 뭐라 할 사람이 없는 거였다.

어느 날 딸들에게 심하게 욕을 해대고 있는 나를 발견했다. 주체할 수가 없었다. 아니 화를 조절할 수가 없었다. 일명 뚜껑이 열리면 난 더 이상 엄마가 아니었다. 그냥 결벽증환자였다. 심하다는 기준이 어디까지였는지 모르겠지만 말이다.

우유가 엎질러 지고 과일이 뭉그러지는 것을 봐야했다. 똥과 오줌을 끊임없이 치워야하는 상황 말이다. 죽과 같은 이유식이 식탁 밑으로 흐르고 가전제품에 이물질이 묻고 들어가 끝내 고장도 난다. 아마 자녀를 키우며 다들 경험하셨을 것이다.

그런 물리적인 것이 끝나면 정신적인 것이 시작된다. 당췌 내말을 듣지않는다. 오른쪽으로 가라고 하면 왼쪽으로 간다. 마치 내 뚜껑을 열기위해 작정을 한 아이들 같았다. 그렇게 상황이 심각해져 갈 무렵이었다. 부모교육 강좌가 개설된다는 소식을 듣고 부랴부랴 달려갔다. 그리고 자문을 구했다. 어떻게 해야 할지 모르겠다고 말이다. 첫 번째 솔루션은 뚜껑이 열린다 싶으면 방으로 들어가 버리라고 했다. 그리고 감정이 가라앉으면 나와서 이성적으로 이야기하라고 말이다.

그래도 뭔가 방법이 있는 것 같아 희망적인 마음으로 돌아왔다. 상황이 발생했다. 먹던 밥은 엎어져서 식탁 밑으로 주르르 흐르기 시작했고 짜증이 나기 시작했다. 멈칫 감정이 올라오는 것을 느꼈다. '방에 들어가야 하나?' 하고 생각했다. 그 정도는 아닌 것 같아 치우기 시작했다.

그러나 곧이어 터진 돌발 상황에 짜증이 폭발하고 말았

다. 식탁을 치우고 있는 사이 먹던 우유를 장난감통 속에 쏟고 만 것이다. 그것을 다 치워야하는 생각에 이미 뚜껑이 열리고 말았다. 그런데 이 상황을 놔두고 방에 들어가야겠다는 생각이 들지 않았다.

그렇게 그 방법이 나한테 통하지 않음을 알게 되었다. 또다시 교수님께 도움을 요청했다. 화가 나는 상황을 자세히 설명드렸다. 문제 되는 상황에서 할 건 하면서 심한 말을 하는 것이 문제임을 알아차리셨다. 그리고 주신 해결방법이 바로 존댓말이었다.

화가 날 때 더욱 정중하게 존댓말을 해보라는 것이다. '우유를 장난감에 쏟으면 어떻게 해!' 라고 소리 지르는 상황이라고 생각해보자. 존댓말을 사용하면 '엄마가 우유를 장난감에 쏟지 말라고 했잖아요!'였다. 뭔가 어색한 말투였다. 그러나 새로운 해결법을 가지고 집에 갔다.

상황발생!

그리고 말했다. '우유를 장난감에 쏟지 말라고 했잖아요! 그러면 엄마가 또 짜증이 나잖아요!. 엄마가 이거 치우려면 얼마나 힘든지 알아요.'라고 말이다. 그런데 신기하게 도 그렇게 존댓말에 연속으로 나의 감정이 수그러들고 있 었다. 그리고 혼자 웃음까지 나왔다. 어이없음에 실소에 가까웠다. 뭐하는 건가 싶고 말이다. 일단 감정의 수습에 서 성공이었다. 그렇게 시작된 존댓말이었다.

엄마가 화가 날 때 평소 사용하지 않던 말투로 이야기를 하니 아이의 반응이 달라졌다. 살짝 눈치를 보는 것 같기 도 했다. 내 느낌이었는지도 모르겠다. 그렇게 시작된 존 댓말의 상황을 끝맺지 못하고 있는 것을 발견했다. 눈치를 보고 있는 아이와 기 싸움을 하듯 말이다. 여기서 너무 쉽 게 용서를 하면 또 잘못하겠지 하면서 말이다.

사실 교육학적인 입장에서는 마무리를 잘하고 상황을 종료해야하는 것이 맞다. 그러나 현실이 어디 교과서적 같 은가? 그렇게 나는 마무리 같지 않은 마무리로 존댓말을 풀지 못한 것이 지금까지 온 것 같다.

큰아이 초등학교 입학 후 1년쯤 지났을 때였다. 같은 반 아이들과 엄마들이 놀러 간 적이 있다. 한참 놀다가 한명

씩 엄마를 찾아왔다. '엄마 이거해줘','엄마 쟤가 때렸어' 등등의 상황이었다. 우리 딸도 뛰어왔다.

'엄마 쟤가 때렸다요','엄마 이거 안 된다요.'

뭔가 좀 이상했다. 한 엄마로부터 어법에 맞지 않는 말투라며 지적까지 받았다. 이상하다며 말이다. 그때 알았다. 나와 우리 아이들만의 특이한 존댓말을 쓰고 있다는 것을 말이다. 다행히도 지금은 어법에 맞게 쓰는 것은 자연스럽게 고쳐졌다. 그러나 여전히 존댓말을 쓰고 있다.

그렇게 시작된 존댓말이다. 그런데 이 존댓말이 소통에는 많은 도움이 되 는것같다. 존댓말이란 서로를 존중한다는 것이다. 부모와 자식이기 전에 인간 대 인간으로 존중한다는 의미를 내포할 수 있게 된 것이다. 그 이후로 몇 번의 실수가 있긴 했다. 그러나 화가 나려고 하는 상황이면 목소리에 더욱 힘을 주어 존댓말이 나간다.

'그런 목소리로 말하면 엄마가 불안하겠죠. 다음부터는 그렇게 말 안했으면 좋겠어요.'또는 '교통카드를 또 잃어버리면 엄마가 기분이 어떨꺼 같아요?'라고 말이다. 때로는 기쁜 상황에서도 더욱 높여 줄려고 노력도 하게 된다. '그 일을 해내다니 정말  대단한 것같아요. 축하합니다. 진심 으로 축하합니다'라고 말이다.

그 상황은 이제 수업까지 이어지게 되었다. 새로운 학 생을 만나면 존댓말로 시작한다. '숙제는 이렇게 진행하면 좋을 것 같은데 네 생각은 어때요?' 라고 말이다. '지금까 지 수학 공부를 해 오면서 가장 어려웠던 점은 뭐가 있어 요?', ' 이렇게 수학 성적이 떨어진 이유는 뭐가 있다고 생 각해요?' 라고 말이다. 처음에는 많이 어색해하면서도 싫 지 않은 얼굴이다. 이유는 간단하다. 이렇게 대우를 받아 보지 않아서 그런 것이다. 이렇게 존대해주는 사람이 없었 기 때문이다.

인간은 누구나 대우를 받고 싶어한다. 자신을 길바닥 쓰 레기처럼 대우하는 사람과 말하고 싶어하는 사람은 아무 도 없을 것이다. '너가 이러니까 지금까지 수학을 못 한거 야' 또는 ' 이제부터 이렇게 해!, 그러면 성적이 쑥쑥 오를 꺼다.' 라고 말하는 사람과 공부가 하고 싶을 리 만무하다.

그저 잔소리하는 엄마와 동일시하는 대상이 되고 말거다. 동시에 역시 공부는 싫은 것에는 변함이 없을 것이다.

이것이 공부에 그치는 것이다. 가정안에서의 소통에서도 마찬가지다. 부모라는 이유만으로 지시만 하게 된다. 상하관계인 것이다. 이렇게는 소통이 어렵다. 인간 대 인간으로 인정하는 것부터 소통의 출발이다. 엄마의 생각은, 아빠의 생각은 으로 시작해서 자녀의 의견을 물어보자. 그리고 그것을 한 인간의 의견으로 들어야한다. 그리고 정말 해야 될 말이 있다면 허락을 구해야 한다. ' 엄마의 생각을 말해도 될까?' 라고 말이다. 사실 자녀에게 아니 가족에게 가장 힘든 일일 것이다. 존댓말을 사용하는 나도 아직 한참 힘들다.

코칭을 공부하는 사람들은 말한다. 가족을 코칭할 수 있으면 코칭의 대가라고 할 수 있다고 말이다. 상담에서는 가족은 고객이 될 수 없다. 그 정도로 가족이라는 것은 가깝고도 참 어려운 대상인 것이다. 그런데 그것이 가장 기본적인 공간이니 말이다. 가정이 가장 큰 수련의 장이 된다. 특히 자녀는 한참 미성숙한 존재이다. 성인이 되기 전에는 가르쳐야하는 것이 있다. 그 가르침을 거부할시 자녀의 선택에 스스로 책임을 질 수 있게 해야 하는 것이다. 그렇게 하나씩 실패하고 배워갈 때 격려를 하는 것이 부모의 몫이다. 이렇게 따뜻한 가정의 대화가 이루어지는 것이다.

# 3. 학교의 인성 - 배려, 협동

'실로 한국의 발전은 한강의 기적을 넘어 놀라운 발전을 했다. 그러나 이제 더 이상 발전은 없을 것이다.'

한 미래예측가가 우리나라에 와서 이런말을 했다고 한다. 인터뷰를 하던 기자가 그 이유가 무엇인지를 물었더니 이렇게 답했다고 한다

' 협업(Collaboration) 이 없다. 이제 미래사회는 혼자서 잘될 수 없다. 서로 도와야한다. 그런데 지금 한국의 모습에는 바로 그것이 없다.'

짧은 기간에 놀라운 성장을 할 수 있었던 것은 지금의 경쟁구도이다. 실로 놀라운 변화를 이끌었다. 이제 그 경

쟁의 구도의 정점에 와있다. 그 구도 속에서는 배려, 협동
이라는 단어가 의미가 사라지고 있다. 아니 이미 사라졌
다. 사회의 현상을 보면 알 수 있다. 내가 성공하기 위해서
는 누군가를 밟고 일어나야한다는 의식이 팽배해져있다.
그러니 그 사회를 보고 배우는 청소년이 무엇을 느끼겠는
가?

이미 그 현상은 학교에도 존재하고 있다. 성적을 올리기
위해서는 공부를 열심히 해야 한다는 생각보다 경쟁자를
무너뜨려야한다는 생각이 먼저이기 때문이다. 공부를 열
심히 해야 한다는 그 이면에는 나의 꿈을 이루기 위한 열
정보다는 1등을 해야 한다는 부모님의 욕구가 더 강하게
들어있는 경우도 있다. 진정한 공부를 위한 진실성은 없는
것이다. 그러니 함께 잘되고 싶은 마음은 눈꼽 만큼도 배
울 수 없는 것이다.

많은 학생들을 만나다보면 가뭄에 콩나듯 특별한 학생
을 만날 때가 있다. 우선 평범한 가정에서 아니 어쩌면 평
범이 아닐 수도 있다. 평범한 집에서 누리는것도 해당이

되지않는 가정의 학생이다. 사교육 없이 혼자 공부해서 성적도 상위권을 누리고 특별한 봉사활동을 스스로 챙겨서 스펙도 알아서 준비한다.

그런데 착하기까지 하다. 부모님께 효도하고 집안일까지 도우며 자기할일을 알아서 하고 심지어 친구들한테까지 인기가 있다. 엄마들 사이에서 그런 학생을 전생에 나라를 구했다고 말한다. 그보다 낮으면 전생에 마을하나정도는 구했을 거라는 등급도 있다.

그러니 공부는 시간에 비례하는 것 같지는 않다. 앉아서 챙겨다주는 간식 먹고 학원왔다 갔다하는 시간도 아깝다며 운전기사를 자청하는 부모가 있어도 성적이 나오지 않는 학생들을 보면 말이다. 역시 성적은 인성에 비례한다. 그 나라를 구한 것 같은 학생의 생활은 공부할 시간이 넉넉지 않다. 그러나 그 착한 인성에서 집중할 수 있는 마음의 여유가 나오는 것같다.

우선 마음이 선한 학생은 짜증이 없다. 모든 상황에서 긍정적인 자세이다. 사교육을 못 받는다고 공부가 잘 안된다고 짜증을 내지 않는다. 항상 마음에는 긍정과 열정으로 가득하다. 그러니 공부를 시작해도 집중이 쉬운 것이다. 그 긍정의 마음속에는 배려와 협동이 가득하다. 그래서 공부를 잘하고 잘되는 학생들의 공통점이 바로 친구들의 질문을 잘 받아주는 것이다.

친구들이 질문을 했을 때 자기공부하기 바쁘다며 짜증을 내는 학생은 그 짜증으로 자기 공부마저 틀어질 것이다. 그러나 친구들의 질문에 항상 배려의 마음으로 잘 가르쳐준다. 그 질문에 답하여 자기머릿속의 이론마저 탄탄해지는 시간을 가질 수 있다. 정리가 되고 설명하다 막히면 자기가 모르는 것마저 점검할 수 있다. 그래서 학생들이 가르치는 자세를 보면 협동의 자세가 베어있다. 마치 이것도 모르냐는 식의 무시하는 자세가 없다. 한번 같이 풀어보자는 협업의 자세가 그대로 담겨져 있다.

최근 수시전형을 준비하는 학생들을 봐도 그렇다. 보통 6개까지 쓸 수 있는 수시전형은 다양한 전형들이 있다. 특히 면접전형이 필수인 대학이 많다. 그런데 이 면접전형을 준비는 각자 해야 한다. 학교에서 준비해주는 경우도 있지만 대부분 각자한다. 그러다보니 학생들의 유형이 나뉜다. 혼자 잘되겠다고 조용히 유명한 학원의 정보를 알아내서 면접과외를 받는다. 그리고 거기서 배운 면접요령은 당연히 절대 공유를 하지 않는다.

그런데 그 속에서도 멋진 학생들이 있었다. 함께 준비하는 것이다. 서로 모의면접을 보는 것이다. 서로 각자 준비하는 학교의 특성에 맞추어 정보를 찾아본다. 그리고 모여서 그 특성에 맞추어 면접을 연습하는 것이다. 그 모습을 보던 선생님께서 도움을 주기로 자청하기까지 하셨다고 한다. 그 친구들의 모임은 아마 영원히 갈 것이다. 학창시절에 어려운 것을 함께 한 친구들은 평생가기 때문이다.

한 신문의 칼럼에서 읽은 내용이다. 미국의 한 다문화학교에서 실제로 실험을 한 이야기였다. 하루는 조회시간에 오늘 예고 되지 않은 시험을 볼 예정이라고 말했다. 그 시험은 중요한 것이라는 말만 하고 나갔다고 한다. 그런데 그 교실에서 나라별로 다양한 현상이 벌어졌다고 한다. 별 변화가 없는 학생이 있는가하면 당황하거나 걱정하는 학생들도 있었다고 한다.

시험을 진행하는 선생님이 들어오자 갑자기 가방을 올려 가리는 나라의 학생들이 있는가 하면 그것을 보고 더 높이 담을 쌓는 학생도 있었다고 한다. 그것을 의아하게 바라보고 각자 자기할일을 하는 학생도 있었다. 그런데 한 나라의 학생들이 갑자기 모두 일어섰다. 그리고 책상을 한쪽으로 치우고 바닥에 동그랗게 앉았다, 서로 함께 풀자는 이야기를 하고 있었다고 한다. 바로 인디언들이었다고 한다.

이와 비슷한 이야기가 또 있다. 아프리카에 다녀온 사람의 이야기다. 아프리카 아이들은 정말 먹을 것도 없고 입을 것도 없고 정말 상황이 열악한 곳이 많았다고 한다. 그래서 가지고 간 음식들을 저 아이들에게 어떻게 나눠줄까 하고 고민을 하게 되었다. 아이들은 너무 많고 가지고 간 음식은 다 나눠주기엔 모자란 듯싶었다.

그래서 한쪽에 쌓아놓고 아이들에게 다가가 저기 맛있는 것이 있다. 먼저 달려간 사람이 많이 먹을 수 있다고 말했다고 한다. 우리나라에서 많이 하는 운동회 같은 상황을 생각한 것같다. 그런데 다음 나타난 반응은 전혀 예상외였다.

배고픈 아이들이 힘을 내어 서로 달려갈 거라는 예상과는 달리 모두 천천히 손을 잡고 걸어가더란다. 그래서 배가 고파 힘이 없어 그런가싶어 물어보았다고 한다. 왜 뛰어가지 않느냐고 힘들어서 그런 건지 말이다. 그런데 아이들은 모두 이해하지 못하겠다는 표정으로 이렇게 답했다고 한다. 다 같이 가서 나눠먹으면 되지 왜 뛰어가느냐고 말이다.

세계에서 국민이 행복한 나라를 살펴보면 돈이 많아 잘사는 나라가 아니다. 자연 속에서 국민이 서로 웃으며 도우며 사는 나라라고 한다. 최고 행복한 나라는 발전보다는 국민의 행복이 우선이라고 관광객의 수도 제한한다는 이야기를 들은적이 있다. 정말 중요한 것이 무엇인지 아는 것이다.

세계를 많이 다녀보지는 않았지만 난 우리나라가 참 좋다. 세상에서 제일 편한 곳이다. 한밤중에도 전화한통화면 먹을 것이 배달되고 집밖을 나가면 밤새 놀고 먹고 즐길 곳이 참 많다. 그런데 외국에 나가보면 5시면 상점이 문을 닫는다. 그리고 7시만 되도 음식점이 닫고 많은 사람들이 가족과 시간을 함께 보내기 위해 거리에 사람이 별로 없다. 오죽하면 이민을 가신 분들이 다시 한국으로 돌아올 정도이다.

정말 너도나도 열심히 하는 경쟁의 구도 속에서 많은 발전을 이루었다. 그러나 그 속에 마음의 여유가 사라졌다. 이제 그 배려와 협동이라는 인성을 다시 살려야한다. 우리나라의 역사 속에는 두레와 향약이라는 좋은 문화가 있었다. 그러나 시대와 문화가 변했다. 지금 이 시대에 맞는 새로운 배려와 협동의 문화가 만들어져야한다.

그 출발은 물론 가정에서 시작되어야 한다. 가정에서 서로 소통하며 자존감을 세워주는 문화에서 자라 학교에서도 키워나가야 한다. 너도나도 서로 소중한 존재라는 것에서 시작해야한다. 그렇게 서로 배려하고 협동해야 대한민국의 밝은 행복한 미래를 그릴 수있을 것이다.

# 4. 사회의 인성 - 책임, 인내와 끈기

## ■ 책임

'자기 행동에 자기가 책임을 진다'

요즘은 찾아보기 힘든 것 같다. 일이 잘되면 서로 자기의 생색을 내려한다. 반대로 잘못했을 때 서로 책임을 전가한다. 이것은 사회뿐만 아니라 학교에서도 흔히 볼 수있다. 그 누구하나 '제 탓입니다'라고 나서는 자가 없다. 그건 용기가 없어서가 아니도 책임감이 없어서이다.

스스로의 인생을 선택하고 그 결과에 책임을 지는 삶을

살지 않아서일 것이다. 책임감을 알게 되기 전에 선택이라는 것을 하게 된다. 스스로의 선택한 일에 대해 책임을 지게 되는 것이다. 어릴 때부터 선택의 기회가 별로 없다. 어려서는 부모가 사주는 옷을 입고 음식을 먹는다. 자라서는 부모가 선택해주는 학원을 다닌다. 대학까지 정해주고 끝내는 직업까지도 정해준다.

선택한 행동의 결과에 대한 책임을 져야할 기회가 없는 것이다. 그래서 결정장애라는 말도 나올 정도이다. 추울 때는 따뜻하게 입고가고 더울때는 시원하게 입고 가야 하는 것을 안다. 하지만 추울 때 입고 가고 싶은 짧은 옷을 선택했을 때 생긴 결과에 대해 시행착오의 기회가 없는 것이다. 부모의 끊임없는 관리가 오류를 범한것과도 같다.

그렇게 선택된 대학과 학과 그리고 직업에 잘 맞으면 다행이다. 그러나 이 행동에 대해 책임을지지 않는 것이다. 부모가 고등학교 내내 방과후 다양한 활동에 대해 계획을 세워주고 심지어 로드매니저까지 해준다. 그 학생들이 대학생이 되어 수강신청을 못한다고 한다. 자신의 인생에 시간표를 계획해 본 적이 없기 때문이다. 그런 친구들의 수강 신청을 대신해주는 신종 아르바이트까지 생겼다고 한다.

이렇게 수강 신청한 학과목의 공부가 되었을 리 만무하다. 설사 되었다 하더라도 그것은 지혜를 얻은 것이 아니라 단순지식의 공부한 것에 불과한 것이다. 이렇게 된 행동의 책임은 누가 지겠는가? 학점에 대한 이의신청을 학부모가 하는 경우도 있다고 한다. 교수에게 직접 전화해서 이의신청을 해서 변경해달라고 말이다. 그래서 요즘 교수님들은 나름의 방어책을 만드시기까지 한다고 한다.

이 부모들은 기업의 면접시간에도 자녀대신 앉아있기도 한다. 스스로가 자녀보다 자녀의 생각을 더 잘할 수 있다고 말이다. 회사에 입사해서도 상황은 끝나지 않는다. 마치 학교의 연장선처럼 지각과 결근을 아무렇지도 않게 한다고 한다. 상사에게 보고조차 할 줄도 모른다며 한탄하는 관계자를 본적도 있다.

시행착오의 경험을 통해 삶의 지혜를 배우게 된다. 실패와 성공의 경험으로 얻은 지혜로 선택을 하는 것을 하게 된다. 그렇게 선택한 일에 대해서는 끝까지 책임을 지기 위해 신중하게 행동을 하게 될 것이다.

수업 때마다 학생들에게 선택의 기회를 준다. 그리고 그 이후의 결과에 대해 책임을 지게 한다. 처음에는 어색해서 대충 선택을 한다. 당장의 이익을 위해 숙제를 안 하거나 수업을 취소한다. 그러나 그 결과를 경험하고 난 후 변한다. 선택을 할 때 매우 신중해진다. 나는 그 시간을 기다려준다. 그 시간이 바로 그 학생의 성장의 시간이기 때문이다.

사회에서 꼭 필요한 것은 스스로의 행동에 대해 책임을 질 수 있는 사람이다. 그 책임을 질 수 있을 만큼 선택에서 신중을 기할 수 있는 사람말이다. 그 사람은 어느 기업에서도 환영받을 사회인으로 성장하게 될 것이다.


## ■ 인내와 끈기

"인내와 끈기를 가져라 "

이것은 수학문제 풀을 때 외치는 주문중에 하나다. 수학은 문제를 푸는 과목이 아니다. 인생의 철학을 배울 수 있는 과목이다. 인내와 끈기를 가지고 못푸는 문제가 없다. 세상의 문제가 그렇다. 세상을 살다보면 많은 문제들을 만나게 된다. 친구와 싸우는 문제, 용서를 비는 문제, 여자친구를 행복하게 하는 문제, 약속을 지키는 문제들 말이다.

그럴 때마다 문제를 푸는 것에 급급하다. 그러나 급하게 풀기보다 인내와 끈기를 가지고 해결점을 찾아보는 것이다. 이런 방법으로도 도전해보고 안되면 다른 방법으로도 도전해보고 말이다. 그런데 급하게 문제를 풀려다가 안되면 쉽게 포기해버린다. 그리고 안 된다고 실망을 하거나 화를 낸다. 그러면 그 이후 더 큰 문제를 만나게 된다.

"수학을 왜 푸는 것같아?"

항상 처음만나는 학생에게 질문한다. 90%이상이 대학가기 위해 푼다고 답한다. 그래도 10%의 학생들은 그 외의 답을 하려고 노력한다. 똑똑해지기 위해, 꿈을 이루기 위해등등 말이다. 학생들이 관심 있어 하는 운동을 예로 들어보자. 축구선수들이 단지 기술이 뛰어나다고 축구를 잘할 수 있을까?

히딩크가 우리나라 축구감독으로 있을 때 생각해보자. 처음 축구감독으로 왔을 때 매일 기초체력운동만 했다. 그 모습을 취재하던 기자가 말했다. 내일모레가 경기인데 매일 뜀박질만 하고 있어서 걱정된다고 말이다. 뭔가 특별한 기술을 가르쳐 줄줄 알고 모셔온 감독인데 말이다. 그런데 아랑곳하지 않고 기초체력만 키우는 것이다. 그러나 그 기초체력이 올림픽4강의 쾌거를 이루지 않았는가?

그전에 우리나라 선수들은 놀라운 기술력을 가지고 있어도 후반전만 되면 서양선수들에 비해 급격하게 느려지는 것을 볼 수 있었다. 그러나 히딩크의 기초체력덕분에 후반전까지 쌩쌩한 선수들을 만들 수 있었던 것이다.

수학도 마찬가지다. 이 문제를 풀기 위해 뇌를 사용한다. 기초적인 문제에서 시작한다. 이 방법으로 풀어볼까? 저 방법으로 풀어볼까? 생각을 한다. 그렇게 기초사고력이 키워진다. 그후 기술을 사용할 수 있는 것이다.

그래서 수학은 뇌의 체육시간이라고 부른다. 그렇게 문제를 풀며 키워진 뇌의 힘은 인내와 끈기를 갖게 된다. 문제를 푸는 공식을 단순하게 외워서 빠르게 답이 나오는 것이 중요한 것이 아니다. 그래서 단순하게 공식을 외워서 또는 문제를 외워서 푸는 게 통하는 중학교 까니 성적이 좋았던 아이가 고등학교 때 성적이 떨어지는 것을 쉽게 볼 수 있다. 뇌의 힘이 딸리는 것이다. 쉽게 말해 인내와 끈기가 부족한 것이다.

조금 느리더라도 공식의 원리를 이해하고 문제에 적용해서 풀어보고 다른 방법도 생각해보는 인내와 끈기의 공부를 해오던 친구는 고등학교 때 올림픽 4강과 같은 효과를 볼 수 있는 것이다. 그것을 말해 흔히들 "엉덩이의 힘"이라고 잘못표현하고 있는 것과 같다. 오래 앉아있는 것이 바로 인내와 끈기의 표현이었던 것이다.

수업 중 이런 질문을 많이 받았다.

'선생님 뭐 빨리 푸는 공식 좀 알려 주세요'

심지어 이런 공식을 모른다하면 수업을 그만두는 아이들도 있었다. 뭔가 유능한 선생님은 특별한 공식이라도 있는 줄 아는 것이다. 5분 이내에 답이 나오지 않는 것을 참지 못하는 것이다.

그 참을성은 사회에 나와서도 영향을 끼친다. 마음에 들지 않으면 회사를 그만둔다. 원하는 행동이 나오지 않으면 이별을 한다. 그 누구도 인내와 끈기를 가지고 그 문제를 풀어보려고 하지 않게 된 것이다. 요즘은 그것이 심해져서 원하는 환경이 되지 않으면 사람을 죽이기까지 하는 것이다.

국어를 잘하면 이해력이 빨라서 다른 과목도 잘하게 된다고들 한다. 맞는 말이다. 그러나 수학을 잘하면 전 과목을 잘한다. 한 과목을 지도했을 때는 그 과목만 성적이 오르지만 수학과목을 지도하면 전 과목의 성적이 함께 향상된다. 그것이 바로 뇌의 힘이 길러지기 때문이다. 동시에 인내와 끈기도 함께 길러지기 때문이다.

학생의 뒤에 참고 기다려 줄줄 아는 학부모가 있어야한

다. 함께 기다려주고 끈기를 가져주시는 부모님이 흔치않다. 한 달 수업으로 당장 성적이 오르지 않으면 수업을 그만둔다. 3일 만에 다이어트가 효과 없으면 그만두는 것과 뭐가 다른가?

공부를 하는 것은 당장의 성적이 중요한 것이 아니다. 배우고 생각하고 깨우침이 있어야 하는 것이 공부이다. 그 안에서 길러지는 인성은 다양하다. 특히 인내와 끈기는 삶 속에서도 정말 중요하다. 인내와 끈기를 가지고 실패를 두려워하지 않는다면 세상에 못할 것이 없을 것이다. 수학 성적에 급급하지 말고 단 한 문제라도 인내와 끈기를 가지고 풀 수 있게 인성을 키워 보자. 그 어떤 문제도 인내와 끈기를 가지고 대할 것이다.

Chapter

## 03

# 인성
# VS성적

# 1. 바른 인성으로 만든 성적

입시설명회를 자주 간다. 갈 때마다 느끼는 이 답답함, 이시간은 학생을 위한 것인지 학부모를 위한 시간인지 모르겠다. 들어가기 전 근처 식당에 들어갔다. 장시간의 입시설명회를 정신 차리기 위한 무장이다. 나와 같은 생각을 가진 사람들이 많이 있었다. 학생들보다 학부모 무리가 더 많았다. 우연히 한 어머님의 통화를 들었다.

짜증 섞인 목소리가 시작되었다. 일요일 낮이었으니 학생이 집에 있었던가 보다. 왜 아직도 학원을 가지 않았냐는 논쟁이 시작되었다. 주위를 아랑곳하지 하니 않는 그 학부모의 목소리가 커지기 시작했다. 협박과 같은 통화를 마치고 난 후 아무렇지도 않은 듯 말했다.

"엄마가 이렇게 설명회 들으며 뭐하냐고, 학원도 안가고 저렇게 말을 안 들으니."

과연 누가 잘못된 걸까? 아니 이것이 최선일까? 하는 생각이 들었다.

시장통 같은 식당을 나와 입시설명회로 향했다. 식사를 하고도 시간이 남았는데 입시설명회장 안에는 이미 만원이었다. 자리가 없어 위로 올라가라는 안내를 받았다. 2층에 올라가도 만원은 마찬가지였다. 겨우 구석진 자리에 한 자리가 남아있어 얼른 앉았다. 입시자료를 보고 있는데 앞에 모녀가 앉아 있었다. 아까 식당에 학부모님보다는 좀 괜찮아보였다.

엄마와 딸이 함께 들으러 왔다는 것은 학생이 관심이 있다고 생각했다. 시간이 지나자 입시설명회가 시작되었다. 중요한 입시정보와 공부 방법이 나오면 이제는 핸드폰으로 찍기 바쁘다. 그런데 앞에서 딸로 보이는 학생이 짜증을 내기 시작했다.

"엄마 좀 제대로 찍어. 아까 그거 찍었어? 놓쳤지? 아우 짜증나. 좀 제대로 찍으란 말이야" 라고 말이다.

한 마디로 어이가 없었다. 자신의 정보이면 본인이 찍지 뭐하는 짓인가 싶어서 자세히 들여다 보았다. 혹시 장애를 가진 딸인가 싶어서 말이다. 그런데 한 시간정도 지났을 때였다. 화장실을 갔다 온다며 똑바로 들고 있으라고 말하고 나가는 것은 역시 멀쩡한 딸이었다. 내 눈에는 나이들은 엄마가 더 힘들어 보였다. 핸드폰 사진기로 먼 거리의 초점을 맞추지 못해 힘들게 찍고 계셨다. 핸드폰의 성능마저 학생 것이 더 좋아보였다. 어떻게 이런 상황들이 벌어지는 것일까?

그 상황들을 지켜보며 입시설명회를 지켜보고 있어야하는 상황이 답답하기 그지없었다. 그러나 내 학생들을 위해 하나라도 입시정보를 들어야한다는 생각에 꾹 참고 끝까지 앉아 있었다. 내 학생들은 적어도 그렇게 가져다 준 입시정보를 정말 감사하며 듣기는 하기 때문이다.

그래도 그 입시설명회에서 감명 깊은 이야기를 들었다.

그 입시강사가 직접 겪은 삼수생의 이야기였다. 처음 찾아왔을 때는 고3이었던 그 여학생은 몹시 지쳐보였단다. 그 원인은 물론 공부였다. 그러나 그 원인이 모두 부정적이었다고 했다. 이렇게 밖에 나오지 않는 머리 나쁜 것에 대한 절망, 잘하는 친구들의 시기질투, 더 좋은 사교육을 받지 못 하는 부모님의 대한 원망 등등을 똘똘 뭉쳐있었다. 온통 부정적인 것만으로 말이다.

그렇게 부정적인 것으로 무슨 일이 잘되겠는가? 잘 안 나오는 성적은 어쩌면 당연한 것이었을 것이다. 그런데 그 학생이 삼수를 하여 서울대를 합격했다고 했다. 그래서 그 강사가 그 학생을 합격 소감을 받기위해 인터뷰를 했다고 한다. 학원에서 원하는 학원 홍보 같은 인터뷰 말이다. 그런데 그 대답은 전혀 다른것이었다.

"삼수를 하면서 가장 많이 변한 것은 저의 생각입니다. 고3때는 모든 것이 다 맘에 들지 않았어요. 학교도, 성적도, 부모님도, 친구들도요, 그래서 공부 잘하는 친구들마저 너무 미웠어요, 그런데 그것이 모두 제 문제더라구요,

내가 공부를 잘하기 위해서 어떻게 해야 하는지에 대한 생각으로 바뀌기 시작했어요. 재수를 하기 시작하면서 남과의 비교가 아니라 제 스스로와의 싸움이 시작되었죠. 그리고 알게 되었어요. 정말 중요한 것은 나 자신이구나. 제 생각이 모두 긍정적으로 바뀌었어요. 마지막으로 이런 제 옆에서 함께 해주신 부모님께 너무 감사드립니다."

그리고 덧붙인 말은 제가 고3때 이것을 알았더라면 삼수하지 않았을 거라며 웃었답니다. 제가 들었던 입시설명회 중 가장 가슴 뭉클하고 따뜻했던 순간이었다. 바로 이것이었다. 지금 엄마와 싸우며 하는 공부, 친구들 미워하고 자신을 괴롭히며 올리는 성적은 중요한 것이 아니다. 저 삼수한 여학생처럼 인성으로 만든 성적이 정말 중요한 것이다.

'지성이면 감천이다' 나도 오래산 것은 아니지만 옛말은 진리가 맞는 것같다. 마음이 선하고 정성이 지극해서 안되는 일은 없다. 그렇게 선한 인성으로 배움을 하고 목표를 이루고자 하면 안 되는 일은 없을 것이다. 그런데 요즘

교육현장에서 이루어지는 부정적인 마음으로 이루어진 성적이 순간의 성적이 나올 수도 있다. 그러나 얼마나 오래 갈수 있으며 그 인생이 선하게 이루어지지 않는다는 것은 확신할 수 있다. 성적보다 부모님께 감사하고 스스로를 사랑하는 인성부터 가르쳐야 할 때인 것 같다.

# 2. 성적으로 용서되는 세상

난 노력주의다. 그래서 노력으로 안 되는 거은 없다고 생각한다. 그런데 가끔 아니라고 외치는 학생들을 만난다. 두 가지의 경우다. 한 가지는 한계를 느끼게 하는 경우다. 정말 다중지능이론처럼 수학적지능이 지극히 낮은 경우이다. 그런 경우 어문학 쪽의 지능이 상대적으로 좋다. 정말 그럴 때 하늘은 공평하시고 한문을 닫으면 다른 한 문을 열어놓으셨다는 성경말씀이 진심으로 와 닿는다.

가슴이 아플 정도로 못 알아듣는 경우 고등학생이라면 중학생수준에서 설명해보고, 안되면 초등학교수준으로 내려가 본다. 특히 함수의 경우가 그렇다. 그럭저럭 잘하던 친구들도 고등학교에 이상한 모양의 함수로 확장되는 순간 그렇다. 지금까지는 그런가보다 했던 기초함수마저 이해가 안가기 시작하고 고1부터 수포자의 길을 선택할까 고민하기 시작한다.

그럴 때 나도 수학자로서의 한계를 느낀다. 그러나 그것은 문제가 안 된다. 그렇게 수학적지능이 낮고 다른 지능이 높다는 것을 알아차리는 것이 중요하다. 그에 맞는 인생을 멋지게 살면 된다. 그렇게 자존감을 찾아가는 것이다. 세상에는 내 맘대로 되지 않는다는 것을 알아야 하는 것도 배움의 길인 것이다.

내가 좋아하는 기도문이 있다.

'내가 변화시킬 수 없는 일들을 받아들이는 평온을

내가 변화시킬 수 있는 일들을 변화시키는 용기를

그리고 이 두 가지를 구분할 수 있는 지혜를 주소서'

변화시킬 수 없는 일들을 받아들이는 평온함 말이다. 그런데 우리는 대부분 그로인한 심한 좌절감, 분노와 짜증으로 표출된다. 그것이 아니라고 받아들이고 분명 다른 지능이 있음을 격려해 주어야 하는 부모님이 가장 큰 상처를 주기까지 한다. 그럴 때 정말 가슴이 아프다. 대놓고 수학을 못해서 큰일이라고 말씀하시는 부모가 그렇다. 분명 이세상에 태어난 가장 유일무이한 존재임을 가장 잘 아는 부모가 말이다.

그 부모들이 자주하는 협박 아닌 협박이 있다. 성적을 잘 받아오면 무엇을 해 주겠다이다. 물질만능주의에 사는 세상이 오니 이제 먹을 것도 많고 입을 것도 많다. 부족한 것이 없이 자라는 자녀들을 유혹하는 것은 유명메이커의 제품이나 IT상품들이다. 그렇게 길들여진 학생들이 무엇을 위해 살지 궁금하다.

반대로 이런 경우가 있다. 재능을 타고나는 것이다. 이미 수학적 재능을 타고나는 아이들이 있다. 나는 순수하게 노력파이다. 수학적 재능은 없다. 심지어 아직도 가끔 산수는 손가락을 쓰기도 한다. 그래서인가 태교 때부터 수업으로 정석을 풀었지만 나의 두 딸은 수학을 타고나지는 않앉다. 수학을 타고난 학생을 만날 때면 어떻게 그것이 머릿속으로 답이 나오는지 신기할 따름이다.

수업을 하다보면 공부를 잘 하는 학생들은 별로 할것이 없다. 옆에 가서 앉아만 있어도 알아서 잘한다. 처음엔 모르겠다고 질문해놓고 질문을 하던중 '아하~"를 연발하며 알아서 풀어낸다. 정말 모르는 문제가 나올 때까지 대기이다. 그런데 수학을 잘하는데 날 피곤하게 만든 학생이 한 명 있었다. 고1때 만났던 남학생이다. 여느 남학생처럼 말이 없었다. 친해지기 좀 걸리겠구나 싶었다. 그런데 중학교수학을 잘했다는 것만으로는  수학의 실력을 가늠하기 힘들었다.

여느 학생들과 같이 정석으로 수업을 진행했다. 그런데 묵묵히 숙제를 참 잘해왔다. 성적으로 판단하기 힘들 때 보통 숙제의 여부와 질문의 수를 보아 학생의 수준을 가늠하기도 한다. 그런데 숙제를 해오는 수준이 보통의 학생과는 달랐다. 어렵고 많은 양의 문제를 주어도 거뜬히 해오는 것이었다. 그렇게 첫 시험을 치루었고 고등학교수학을 백점을 맞아왔다. 그 학생이 다니는 학교가 주위에서 높은 수준이어서 백점은 기대도 하지 않았다.

그렇게 한없이 진도를 쭉쭉 나가고 싶은 대로 이끌어 주었다. 쉬어가는 지점이 없었다. 항상 목말라하는 학생의 진도는 고2에 수능수준에서도 최고점수의 문제까지 풀고 있었다. 그래서 하루는 물었다. 미적분의 대학교 교재가 있는데 하고 싶냐고 말이다. 그 순간 그 학생의 표정은 내가 보던 중 가장 밝은 표정을 하고 있었다. 그렇게 그 학생과 대학교수준의 수학책을 공부했었다. 그 학생은 정말 타고난 것 같았다.

하루는 사건이 터졌다. 그렇게 정확하던 친구가 수업시간에 나타나질 않는 것이었다. 항상 점잖으신 어머님도 당황하시는 것 같았다. 조금 더 기다려 보고 가려던 참이었다. 학생이 들어오는 소리가 들렸다. 그런데 가방을 집어 던지고 상황이 심각한 것 같았다. 모든 화를 엄마에게 쏟아내는 것 같았다. 공부방에 들어온 학생을 보고 있는 내가 더 불안했다. 인사도 하지 않았고 이성을 잃은 듯 보였다. 마음 같아서 집에 가고 싶었지만 학생을 진정시켜 들여보내겠다며 기다려 달라고 하셨다.

내가 엄마여도 어쩔 줄 몰라겠다 싶다. 그런데 너무 쩔쩔매고 수업을 위해 들여보내시는 어머님의 모습이 짠하기까지 했다. 지금 이 상태로 무슨 수업이 되겠나 싶었지만 이 상황에서 내가 나가기까지 하면 더 상황이 심각할 것 같아 자리를 지켰다. 한 십여분이 지났을까 학생이 들어왔다. 나름 진정을 한 것 같았다. 학교에서 무슨 일이 있었는지 왜 그러는지 물어보고 싶었지만 오히려 화를 불러 일으키는 것 같아 조용히 있었다. 그때는 나도 갓 대학 졸업한 후라 지금처럼 노련하게 학생을 다루지도 못할 때였다.

조용히 "괜찮아? 수업할 수 있겠어?"를 묻고 조용히 수업을 진행했다. 그날따라 문제가 안 풀리는게 많았다. 역시 공부는 마음자세가 중요한 것 같다. 그렇게 엄마한테 혜대고 선생님은 보이지도 않은 마음상태에서 이렇게 수학문제를 수준 높게 풀어 무엇에 쓸까 싶은 생각이 들었다. 그래 안다. 가장 질풍노도의 시기인 청소년이라는 것을 말이다. 그런데 가끔 어머님들의 모습을 보고 있으면 과연 어떻게 옳은가 싶다.

'아들아 공부만 해다오 그럼 이 엄마가 뭐든 해줄게' 라는 마음으로 수발을 드시는 학부모님들을 뵐 때마다 교육은 어디를 향해서 가고 있는가 싶다. 웃어른을 공경하고 예의바르게 행동해야 한다 등의 교육은 모두 어디로 간걸까? 공부만 한다면 체육시간도 없애고 공부만 하겠다면 뭐든지 해다 바치는 것을 보고 배운 학생들이 성인이 되어 무엇을 할 수 있을까 말이다.

100세 시대여서 직업이 2-3개쯤 바뀌는 것이 기본인 시대가 왔다. 그러나 6개월의 인턴과정도 채 못버티고 직업을 바꿔대는 것은 아니다. 설사 자기가 맘에 들지 않는 상황이 오더라도 참을성도 있고 이해심도 키우고 용서할 줄도 아는 인성교육은 어디로 간걸까? 자기에 맞지 않고 기분이 나쁘면 바로 때려치우고 성질 껏 해대고 나오는 것은 어디서 배운 걸까? 똑똑하고 성과가 높아서 받아주는 그런 회사가 얼마나 될까? 아니 스스로 거기서 못 버티는 것은 아마도 성적으로 오냐오냐 받아주던 습성에서 나오는 것은 아닌가?

정말 중요한 부모의 역할은 오냐오냐 받아주는 자유방임적 부모가 아니다. 예절과 규칙에 어긋났을 때는 훈육이 필요한 것이다. 무작정이 아닌 충분한 설명을 할 수 있는 대화가 필요하다. 그래서 사전에 예절과 규칙에 대한 인성교육이 전제되어야 하는 것이다. 주위를 둘러봐도 배려라는 것이 없다. 돈이 좀 많다고 학력수준이 좀 높다고 주위를 생각하지 않는 사람들이 많이 생겼다. 벼가 익으면 고개를 숙인다고 했다. 정말 벼가 익을 수 있는 진정한 인성교육이 먼저 이루어지는 가정의 대화가 절실하다.

# 3. 인성으로 찾아가는 진로교육

"넌 꿈이 뭐야?"

요즘 청소년들이 제일 싫어하는 질문 1위다. 내가 뭘 잘하는지도 뭘 좋아하는지도 잘 모르겠고 생각하기도 귀찮은데 어딜 가나 이 질문이니 짜증 날만도 하다. 나도 가끔 공부에 관심이 없거나 공부를 하기 싫어하는 학생을 만나면 물어보기는 한다. 마음에 불을 지피기 위해 성냥이라도 그어보는 심정에서 말이다. 동기심을 불러일으키는 시점을 만들어야하기 때문이다. 그 질문이 식상하면 이렇게 돌려서 물어보기도 한다.

"뭐할 때 제일 신나?" 또는 "뭐할 때 제일 시간가는 줄 모르게 기분이 좋아?" 라고 말이다. 누구에게나 그런 거 하나쯤은 있게 마련이기 때문이다. 가장 흔하게 게임을 한다거나 운동을 한다거나 말이다. 요즘은 핸드폰을 할 때 시간이 쉽게 간다고들 한다. 그러면 많은 학부모님과 선생님들은 '그럼 그렇지'로 시작해서 이야기를 종결하고 설교를 시작한다. 세상은 게임하고 운동하고 핸드폰만 들여다본다고 해결되는 것이 없다. 네가 하고싶은것만 하고 어떻게 사냐며 잔소리로 이어진다. 그렇게 학생들은 입을 다물기 시작한다.

그러면 한 단계 넘어가기 위한 질문은 바로 이런 것이다.

'게임은 어떤 게임이 좋아?', '게임을 할 때 어떤 기분이 들어서 그렇게 좋은 걸까?'

'운동은 주로 어떤 것을 하니?', '그 스포츠가 좋은 이유는 뭐야?'

'핸드폰에서는 주로 어떤 것을 보니?',' 친구들과는 어떤 대화를 주로 하는데?'

'그런 것들을 안하면 어떤 기분이 들까?'

이 질문들은 오랜 학생들의 입을 열기위해 만들어진 것이다. 나도 처음에는 설교를 많이 하는 선생님이었다. 그런데 한번 학생이 입을 닫고 나면 단순히 성적을 오르는 기술적인 선생님은 될 수 있어도 오래가는 파트너 같은 선생님은 될 수 없었기 때문이다.

그렇게 시작된 질문에 학생들의 다양한 반응들이 나온다. 게임을 하는 이유도 다양했다. 집이나 학교에서는 내 맘대로 안 되지만 게임의 세상에 들어가면 내 맘대로의 세상을 만날 수가 있다. 아무도 나에게 칭찬이나 선물을 안 주지만 게임을 하면 단계별로 기분 좋은 포상들이 있어 좋다는 것이다. 공부로는 어떻게도 1등을 할 수 없지만 게임 세상에서는 1등을 할 수 있어 성취감을 느낄 수 있다 등 너무 다양했다.

그 속에서 지금 그 학생의 원하는 것을 읽을 수가 있었다. 마음대로 하고 싶고, 칭찬과 선물도 받고 싶고, 1등도 하고 싶은 욕구 말이다. 그 욕구를 읽어주고 할수있게 자신감을 불어넣어주면 된다. 그러나 급하지 않게 한 단계 한 단계 할 수 있는 만큼만 말이다. 인내와 끈기를 가지고 말이다. 마음대로 계획도 세워보고 방법도 변경해보고 작지만 한 단계 성공했을 땐 칭찬과 선물도 받게 해주고 선생님수업 중에 이번 주 계획실해에 1등도 했다면서 선의의 거짓말로 성취감도 느끼게 해주면 된다.

그렇게 학생의 원하는 인성을 키워주면 성적은 자연스럽게 올라간다. 성적을 바라보고 공부하는 것이 아니기 때문이다. 지금 내가 하고 싶은 것을 하기 때문이다. 그 후에 방향을 구체적으로 정해본다. 바로 그것이 진로다. 이렇게 해보고 싶은 것을 짧게는 1년에서 길게는 10년,20년까지 세워보는 것이다. 그 속에서 꿈을 찾을 수 있다.

여러 가지 길 중에 다짜고짜 어디로 가고 싶으냐며 물어보는 것과는 차원이 달라진다. 그 속에서는 성공과 실패이기 보다 자신감과 행복이 있기 때문이다. 게임을 하는 것이 정말 즐거운 학생에게는 게임을 평생 할 수 있는 직업을 추천하고 대학과 학과를 찾아본다. 그리고 갈 수 있는 성적을 알려주면 된다. 운동을 하는 것이 스포츠가 좋아서 하는 것이 아니라 몸을 움직이는 것이 좋아서라면 그 분야에 맞는 직업을 함께 찾아보는 것이다.

핸드폰을 좋아하는 이유가 SNS로 활동하는 것이라면 그 활동에 대해 직업적으로 또는 더 다양하게 활동할 수 있는 것을 찾아보는 것이다. 그렇게 마음에 불을 지피면 학생들은 모든 일에 열정적이 되고 눈에 힘이 생긴다. 공부가 늦게 시작되면 어떤가? 그 활동으로 초등학생이 사업을 시작해 억대연봉이 되는 세상이다. 그렇게 사업을 하다 더 다양한 지식이 필요하다는 생각이 들 때 공부를 시작해도 늦지 않다.

내 주위만 그런 것일까? 많은 사람들이 학력과 상관없이 성공한다. 그리고 늦게 공부시작한사람들이 더 열심히 공부하며 배움의 즐거움을 느낀다. 그리고 평생공부하게 된다. 지금 우리들에게는 인성으로 찾아가는 진로교육이 필요할 때 이다.

# 4. 인성 좋은 CEO와 성적 좋은 회사원

드라마나 영화에 흔히 나오는 장면이다. 학교 다닐 때 앙숙이었던 두 친구가 성인이 되어 만났다. 원수가 외나무 다리에서 만나 듯말이다. 문제아였던 주인공과 공부만 했던 악역이다. 주인공은 성공했고 악역은 실패한 듯 보이는 장면이다. 이것은 현실에서도 많이 있다. 물론 상황의 변수도 많지만 말이다. 문제아였던 주인공은 집안 형편상등 다양한 이유로 공부만 못했을 뿐 긍정의 아이콘이다. 그러나 악역은 공부만 잘했을 뿐 부정 아니 악마에 가깝다.

긍정마인드의 주인공은 우선 관계성이 좋다. 그러니 여기저기 도움의 지인들이 나타나고 하는 일도 행운이 따른다. 사회에도 당장은 스펙으로 먼저 빛을 보는 것지만 끝내 이기는 자를 보면 긍정적 이미지의 결과이다. 물론 실력을 쌓지 않고 순수긍정이미지만으로 승부를 내겠다는 의미는 아니다. 그러나 인성의 기본을 배워야하는 학창시절에 공부만 강조하는 것의 위험성을 말하는 것이다.

하루는 중학교를 간 딸에게 물었다. 초등학교와 뭐가 다른지 말이다. 흔히 말하는 공부의 부담감이나 교복, 과목별 선생님들을 나열할 줄 알았다. 그런데 대답은 다소 충격적이었다. 모든 것이 성적순이라는 것이다. 반에 문제가 생기면 담임선생님께서 중재자의 역할을 하는 것은 같으나 선생님의 반응이 다르다는 것이다. 초등학교 때는 양쪽의 이야기를 들으신 후 도덕교과서 기준에 의해 서로 사과하고 용서했단다. 그런데 중학교는 쌍방의 이야기를 듣는 태도부 다르다고 한다. 공부를 잘하는 쪽의 이야기를 더 듣고 무조건 그쪽 손을 들어준단다. 사건의 종류와 경중을 떠나서 말이다.

초등학교 때부터 억울한 일을 당하면 울분을 참지 못하

는 성격이어서 항상 상황설명을 나름 객관적으로 한다. 그러나 누구나 그렇지만 자기입장에서 설명하는 것이므로 100% 객관적일 것이라고 믿지는 않았다. 그러나 그 상황에선 엄마의 판단이 필요한 것이 아니라 감정을 받아주는 일이었다. 시간이 흐르고 그 사건의 해결 상황을 들어보면 종류별로 승패가 있었지만 충분한 납득을 하는 정도였다. 그런데 중학교의 문제해결상황을 겪거나 또는 지켜본 결과통계상 성적순이라는 결과를 얻게 된 것이다.

학생들이 보기에도 이런 상황이면 심각한 것 아닌가싶다.

'행복은 성적순이 아니잖아요.'

7080세대라면 아시는 영화제목일 것이다. 그때도 지금도 확실히 입증된 사실이 그렇게 많은대도 30년이 지난 지금도 성적순이라는 것이 유지 아니 더 심해지는 이유가 뭘까?

한 특성화고에 취업교육을 하고 오신 강사 분께서 들려준 이야기다. 3일의 특강 내내 들어오지 못하는 학생이 있어 이유를 물어보았다고 했다. 공부와는 담을 쌓았고 저녁에 아르바이트를 한다고 해서 알아보니 학생이 출입하는 곳이 아니어서 데려와 징계중이란다. 징계는 징계이고 취업특강은 들었으면 하는 안타까움에 교육내내 마음이 불편했다고 했다.

특성화고는 대학보다는 취업을 우선시하는 것은 맞지만 선생님들의 시선이 학생들을 색안경을 끼고 본다는 것이다. 지금 당장 성적이 안 나오는 것만으로 학생의 미래를 단정 지을 수 없다는 것을 누구보다도 잘 아실 텐데 말이다. 물론 모든 선생님과 학교가 다 그렇다는 것 아니다. 그러나 학생들의 자존감을 무너뜨리는 일은 안하시길 바란다. 그 학생이 나중에 엄청 성공할 수 있다는 것을 잊지 않고 말이다.

그 이야기를 들으며 한 영화가 생각이 났다. 깡패인 학생을 성악을 가르치던 영화말이다. 성공한 많은 사람들이 학교를 중퇴했다. 그렇다고 성공하기위해 학교를 중퇴하라는 말로 오인하면 안 된다. 중퇴를 하는 이유는 여러 가지가 있을 것이다. 학교의 정해진 교육이 스스로의 호기심을 해결해주지 않았거나 알고 싶은 것의 방향이 다르다고 느끼는 등이다. 그 열정과 창의성으로 자기주도적인 삶을 빨리 시작한 것이다. 그만큼 성공도 빨리 온 것이다.

다시 영화의 주인공으로 돌아가 보자. 아니 현실에도 있는 두인물말이다. 정해진 공부는 못했지만 관계성의 현실을 몸으로 직접 만나는 사회를 빨리 만나게 되었을 것이다. 그리고 그 속에서 체험하며 배웠을 것이다. 이론으로 배울 수 없는 것들을 말이다. 그들은 실력보다는 그 관계성으로 그리고 자기주도적으로 자기인생의 ceo가 된 것이다. 또는 실제적으로 한 기업의 대표가 될 수 도 있는 것이다. 그러나 정해진 공부, 시키는 공부만을 한 학생은 성장해도 누가 시키는 일을 할 수 있어 오너가 되기 힘든 것이다.

스스로 생각하고 창의적인 생각을 할 수 있는 교육이어야 한다. 그런데 말뿐이다. 정해진 틀 속에서 듣고 외울 뿐이다. 얼마 전 한 방송사에서 대한민국의 최고대학 서울대학생에 대한 통계를 낸 적이 있다. 최고의 대학에서 최고

의 학점을 받는 학생들이 비결이 므엇인지 궁금했던 것이
다. 결과는 정말 놀라웠다. 아니 충격적이었다. 비결은 바
로 교수님의 말을 토시 하나 빼지 않고 그대로 적는 것이
었다. 그 통계를 내던 학교 관계자도 충격적이었던 것 같
다. 결과를 모두 공개하지 않았던 것으로 기억난다.

스스로 생각을 할 줄 알고 인성을 배운 학생이 대표로
있는 회사에 사원으로 만나게 될지는 아무도 모르는 것이
다. 성공은 성적순이 아니라는 것은 확실하다.

# 5. 다중지능으로 보는 "다르다"

하워드 가드너의 다중지능이론이 붐을 일으킨 적이 있다. 인간의 지능은 크게 8개로 나뉠 수 있으며 다 각각의 지능을 가지고 태어난다는 이론이다. 언어, 논리수학, 공간, 신체운동, 음악, 대인관계, 자기이해, 자연탐구 8개로 사람의 지능을 나눠본 것이다. 즉 공부를 못하는 것은 다른 지능이 더 발달해서 그런 것임을 설명해주었다. 사람은 서로 다른 지능의 재능을 가지고 태어난다는 이론이다.

이 이론이 나오고 나서 많은 학부모님들의 비교 교육이 잠시 숨을 쉬었다. 그러나 아직도 학부모들 사이에서의 비교경쟁상대는 옆집엄마이다. 그 비교 교육은 자녀가 태어나면서부터 시작된다. 심지어 요즘은 육아프로그램을 보고도 비교 한댄다. 어느 연예인 자녀는 몇 개월에 걷기 시작했다며 말이다. 그 육아프로그램은 출산을 장려하고자 만든 프로그램인데 말이다.

옆집아이가 말을 시작하면 불안해하고 글을 읽기 시작하면 화가 난다. 그래서인가 우리나라의 유아교육시장의 관심도는 세계적으로 유명하다. 내가 아이를 키울때는 일본의 유명한 카드기법으로 유아교육을 하는 것이 있었다. 잠시 문화센터에서 유아강사를 할 때 그 방법으로 강좌를 하기도 했었다. 지금 생각해보면 무엇을 했나 싶다. 그때는 나도 함께 유아의 교육세계에 푹 빠져 있었기 때문에 확신이 있었다. 다른 아이가 비교해서 뭔가가 뛰어나야하는 신념을 가지고 있었기 때문이다. 지금 생각해보면 정말 어이없는 웃음이 나올 지경이다.

사립초등학교를 다니는 여학생을 맡은 적이 있었다. 엄마는 학교선생님이셨고 아버지는 해외출장이 잦으신 집안이었다. 한참 후에야 알았지만 학생을 보호했던 할머니는 친할머니가 아니셨고 고용되신 분이었다. 그래서인가 학생이 항상 정을 못 느끼는 기분이 들었다. 그 당시 내가 맡았던 고등학교까지의 학생을 통틀어 스케줄이 제일 많았던 학생이었다. 초등학생들이 학교가 일찍 끝나도 방과후 프로그램 스케줄이 요즘도 장난이 아니다.

하루는 내가 보던 중 가장 피곤해 보이는 학생의 모습이었다. 보기에도 너무 안쓰러웠다. 입은 부르터있고 핏기 없는 얼굴에는 다크써클까지 확연하게 드리워져있었다. 내성적인 여학생이어서 수업이외에는 생활적인 이야기는 거의 안 해왔다. 그러나 그날은 수업보다는 학생의 이야기를 들어주고 싶었다. 자연스럽게 요즘의 스케줄에 대한 이야기가 이어졌다. 바이올린 레슨과 수영과 발레 등의 스포츠수업에 대해 이야기했다. 사립초등학교 수업자체가 일반초등학교와 달리 늦게 끝난다. 필수방과후 프로그램이 있기 때문이다. 그 프로그램 안에는 일반 과정보다 심화 과정의 영어 프로그램이 있고 그것을 이해하기 위한 보충과외가 이어진다고 한다. 수학의 선행은 나 이외에도 또 다른 선생님이 있다고 했다. 이번 주에는 학교의 각종시험과 영어말하기 대회가 겹쳐서 상황이 이렇다며 대변을 하는 것이었다.

학생 본인 자체는 그 스케줄이 힘들다고 생각하지 않는 것이었다. 내 수업이 끝나도 2~3개의 스케줄은 항상 있을텐데 저 몸 상태로 어떻게 견디는지 실로 대단해보였다. 이번 주만 지나면 괜찮다며 오히려 나를 이해시키려는 모습이 말이다. 내가 그 수업이 재미없어함을 느꼈을지도 모른다. 한참 뛰어놀고 다양한 책도 읽고 밝게 웃기도 하고 힘들다고 짜증도 내는 것이 정상일 초등학생의 모습이 아니었다. 수업을 하며 수학의 재미있는 역사이야기를 꺼낼 수가 없었다. 그래서 재미가 없었다. 수학의 진정한 재미를 느끼게 할수 없었기 때문이다.

배움의 즐거움을 느끼며 공부하는 것이 의심스러울 정도였다. 여학생의 중학생과 고등학생모습이 그려지기 시작했다. 어느 순간 내가 이것을 왜 하고 있을까하고 눈이 떠지기 시작할 것이다. 그것이 사춘기일수도 있다. 그때도 엄마의 스케줄대로 따라와 줄까? 지금처럼 이 스케줄이 힘들다고 느껴지지 않고 잘 따라가 준다면 걱정할일은 아니었지만 난 그 여학생의 눈에서 생기를 읽을수가 없었다. 그 재미없는 수업은 오래가지 못했다. 내가 그 우려의 표현을 어머님께 하고 말았다. 단번에 해고당했다. 그 재미없는 수업이 성적이 잘 나올리 만무했다.

여학생의 생활의 단면을 보고 우려의 표현을 잘못 햇을 수도 있다. 그러나 적어도 인성을 배울 수 있는 마음의 여유와 진정한 배움의 즐거움을 느끼고 행복감을 느낄 수 있었으면 하는 마음에 오지랖을 떤 것이다. 몇 년후 그 학생을 우연히 지나친 적이 있었다. 하얀 피부에 여리여리하게 자랐다. 역시 얼굴엔 생기는 찾아볼 수 없었다. 가슴이 아려왔다. 마음을 들여다볼 수 있는 여유를 가지기 바라며 지나칠 수밖에 없었다.

다시 다중지능으로 돌아와 보자. 초등학교 학부모들이 우리아이의 지능이 어떤 부분에 가능성이 있는지 알아보기 위해 다양한 학원을 보내본다. 그리고 한 가지를 찾으면 올인하게 된다. 그것이 마치 다른 아이와 비교할 때 우월하다고 느끼기 때문이다. 한방송사에서 각 계 성공한 사람들을 모시고 다중지능검사를 하고 다양한 실험을 한 적이 있다. 그 결과 공통적으로 나타는 점이 있었다. 바로 8개의 다중지능 중에 공통적으로 우월하게 나온 지능이 있었다. 바로 자기이해였다. 자기가 무엇을 잘하고 약한지 정확히 알고 있었던 것이다. 8가지 지능에서 무엇이 높게 나올지도 알고 있을 정도로 말이다.

누군가 비교를 하여 잘하고 못하고가 중요한 것이 아니라는 것이다. 스스로를 알고 남과 다르다는 것을 아는 것이 중요하다. 그 속에서 인성의 기본바탕이 자존감이 길러지는 것이다. 이 자존감이 바로 설 때 긍정적인 마음이 자리 잡을 수 있는 것이다. 옆집아이가 문제가 아닐 수도 있다. 당장 가족 안에서 형제, 자매, 남매 또는 부부끼리도 "비교경쟁"체제이다. 그러니 긍정인성이 자리 잡을 수가 없는 것이다.

내 딸들은 성격이 다른 우리부부의 다른 점을 각각 가지고 태어났다. 외향적인 큰딸에 비해 작은 딸은 내성적이다. 외향적으로 보여 지는 행동의 결과가 많아 작은딸의 부담감이 표정으로 들어나는 날이 많았다. 그런 작은딸에게 항상 이렇게 말한다. "네가 무엇을 잘못하고 있는 것이 아니라 언니와 다른 것이다. 너는 언니와는 다른 창의적인 장점들이 있단다." 라고 말이다. 그러면 표정이 달라진다. 그리고 자신감 있는 행동들이 표현된다.

한 아이를 키우는데 온 마을이 필요하다고 했다. 가정에서는 부모님이 그리고 사회에서는 학교선생님과 다양한 선생님들이 필요하다. 이제 다중지능적인 시선으로 "다르다"를 인정하는데서 긍정인성이 출발할 수 있다.

# 6. 성과주의사회에서 찾는 인성평가

기업관계자가 대학에 취업설명을 하고 가는 길이었다. 대학에 간곡히 부탁을 했다고 한다. 제발 대학에 과목하나를 만들어 달라고 말이다. 회사를 다니는 법에 대해서 말이다. 일명 사회생활을 하는 기본 지식말이다. 가끔 학교와 회사를 혼돈하는 사회초년생들이 있다고 한다.

학교에 결석하듯 회사에 무단결석을 하고 지각을 해도 보고도 없이 늦는 일이 허다하다고 한다. 왜 보고를 안 하냐고 물으면 보고를 어떻게 해야 하는지 모르겠다고 대답한다고 한다. 그러니 자기 맘에 들지 않는다고 어느 날 갑자기 연락두절에 퇴사까지 이어지는 경우가 생기는 것이다.

책임감이라는 인성은 길러지지가 않은 것이다. 그에 따르는 참을성이라는 것은 찾아볼수가 없는 것이다. 심지어 상사가 지나갈 때 인사하는 법조차 모른다. 학교에서 선생님께 인사도 안하고 살았던 학생이었을 것이다. 스승의 그림자도 밟지 못했던 때는 기억도 할수없으니 말이다. 어른들의 무조건적인 권위주의는 탈피하고 평등을 외치려면 그에 맞는 행동에 대한 책임감이 뒤따라야 하는 것이다.

부모교육에서 가장 현실적인 책이 '민주적인 부모가 되는 것'이다. 요즘 한참 대두가 되고 있는 "미움 받을 용기"의 아들러의 스승인 루돌프 드라이쿨스의 책이다. 부모가 성인군자가 되어야 한다는 비현실적인 책과는 다르다. 민주적인 부모가 되는 것은 자유방임과는 다르다. 훈육이 필요할 때는 해야 하며 자녀의 행동에 대한 충분한 의견교환이 있고 그에 따른 책임으로 훈육을 달게 받아야하는 것이다.

그래서인가 요즘 부모들은 자녀와 대화할 때 2-3개의 신문기사 또는 과학적인 근거자료를 준비하고 대화를 시작해야한다고 한다. 무조건적인 훈육이 아닌 민주적인 대화 후 자녀의 동의를 구하고 훈육의 규칙을 정해야하는 것이다. 이렇게 가정에서 민주적인 대화가 이루어지고 그것이 학교로 사회로 이어져야하는 것이다.

예절은 하루아침에 생기지 않는다. 습관처럼 몸에 뵈야한다. 그리고 마음에서 우러나야한다. 한쪽의 무조건적인 예절이 아닌 서로간의 예절이다. 선생님도 이제 자라나는 학생을 존중할 때 학생의 마음에서도 존경의 마음이 생겨나는 것이다. 대화법에는 '나-전달법'이라는 용어가 있다. 무조건 지시를 하는 것이 아니라 우선 나의 의견을 이야기하는 것이다.

상황을 생각해보자. 수업시간이다. 한 학생이 끊임없이 장난을 치고 있다. 선생님으로서는 수업을 진행할 수 없을 정도라면 어떻게 해야 할까? 선생님의 권위로 학생의 이름을 부르며 혼내는 것도 방법일 수 있다. 이런 상황에서 '나 전달법'을 사용해보자. 학생의 이름을 부르고 지금 선생님의 마음상황을 먼저 이야기 하는 것이다.

'철수야 네가 자꾸 장난을 치니까 선생님이 수업을 진행하는 것이 어렵구나, 지금 중요한 부분을 하는데 너로 인해 다른 친구들까지 피해를 보는 것 같아서 더 불편하구나.'라고 말이다. 그리고 정당한 요청을 한다. 조용히 해줄 것인지 아니면 지금은 수업을 진행해야하니 교실 밖으로 나가있다가 나중에 이야기를 나눌 수 있는지 말이다.

가정에서도 마찬가지이다. 자녀가 내 맘에 들지 않게 행동을 했을 때 분명 이유가 있을 것이다. 그런데 부모의 기준으로 하지마라고 소리부터 지르면 대부분의 자녀는 계속하거나 오히려 더 해본다. 자녀의 이유를 들어주지 않았기 때문이다. 행동의 이유를 알기위해서는 우선 내 마음을 전달한다. 동시에 감정을 추스르는 효과도 있다. 그리고 자녀가 이야기할 수 있는 시간을 주는 것이다. 그렇게 민주적인 대화가 시작되는 것이다.

가정, 학교에서도 예절 그리고 참을성, 민주적인 대화가 필요한 것처럼 사회에서도 이어져야한다. 동료 또는 상사에게 지켜야하는 예절, 보고 하는법 , 대화 하는법 말이다. 지성인을 배출하는 대학교육에 인성교육을 부탁한 것이다. 기본적인 예절 말이다. 책임감도 함께 느낄 수 있는 인성 말이다.

최근 기업체에서 인성평가를 한다. 그것이 나오기 전에는 상황면접을 보기도 했다. 그것이 요즘 내려와 대학인성면접평가, 특목고평가에도 사용된다. 과연 이것으로 인성이 평가될지 궁금하다. 서점에서 한 기업체인성평가를 준비하는 책자가 있었다. 시험문제가 황당했다.

퇴근하려는 무렵 직속상사가 아닌 윗 상사가 업무지시를 했다. 어떻게 해야 할까라는 질문이었다. 5지선다형이었다. 직속상사에게 바로 연락한다. 아무 말 없이 야근을 한다. 직속상사가 시킨 일이 아니니 퇴근한다. 등등 정말 아리송한 대답들이었다. 정답은 생각도 나지 않는다. 이것이 인성평가인가? 기본예절평가인가?

이런 문제도 있었다. 가족이 여행을 가려고 한다. 비행기출발하기 1시간 전이다. 갑자기 회사에서 연락이 왔다. 급한 업무지시였다. 어떻게 해야 하나? 세상에 이런 질문을 어떻게 인성평가에 넣었는지 모르겠다. 이런 질문에 그 회사의 취직을 위해서는 어떤 답변을 선택해야할까? 무조건 회사로 달려간다일까? 내 기억에 정답은 회사에 복귀에 문제를 해결하고 가족을 뒤따라 비행기를 탄다였다. 이게 현실가능한 것일까? 다양한 상황이 생길텐데 말이다. 어떤 가치관에 맞춘 인성평가이냐 말이다.

성과주의의 기업에서 인성평가는 진정한 인성평가일까? 작년에 인성교육진흥법이 통과되고 중요해지는 인성평가에 강남엄마들 사이에서는 새로운 과외가 생겼다고 한다. 영미권 나라의 인성평가지를 들여온 선생님께 번역해서 예상문제지를 푸는 과외란다. 어이 없지 않은가? 인성도 시험 준비하는 시대 말이다.

정말 중요한 것은 무엇일까? 서로를 존중하고 예의를 지키며 스스로의 행동에 책임을 질 줄 아는 인성을 함께 배워야 할 것이다. 민주적인 대화를 통해서 말이다.

# 인성 좋은
# 아이들

# 1. 스스로 답을 찾는다.

학원 강사의 경력은 명문대를 몇 명 보냈느냐에 달려있다. 명문대를 유독 많이 배출했던 해가 있었다. 동료들은 비결을 알고 싶어 하기도 했고 지인들은 궁금해 하기도 했다. 매년 똑같이 가르치고 큰 비결이 있지 않아 말하기도 곤란할 때가 있다. 살펴보니 비결은 내가 가진 게 아니었다. 공부를 잘하는 아이들이 가지고 있었다.

수업 시간 내내 목청이 터져라 힘 빼는 수업은 상위권이 아니었다. 수업의뢰가 들어오면 상위권학생수업을 꺼리는 선생님들이 있다. 이 비결을 알고 나면 너도나도 하시게 될 것 같다. 부모님들이 아시면 황당해 하실 것 같기도 하다. 비결은 스스로 알아서 답을 찾는다는 것이다.

수업시간은 이렇게 진행된다. 지난시간 숙제를 확인하고 오늘 무엇을 할지에 대한 내용을 파악한다. 이 시간은 사실 학생이 아닌 선생님의 기억을 되살리는 시간이기도 하다. 많은 학생들을 지도하다보니 이 학생의 상태를 파악하는 시간인 것이다. 그때 바로 학생은 스스로 목표를 파악한다. 오늘 이 수업시간을 무엇을 해결해야하는지 말이다. 선생님을 잘 활용하는 것이다.

당장 있을 수행평가준비를 요청하거나 학교 자체 프린트물을 가지고 오기도 한다. 각종시험에 대비하는 계획에 문제가 생긴 것에 대한 논의를 요구하기도 한다. 그렇게 수업을 주도한다. 그리고 문제를 풀기 시작한다. 내가 아닌 바로 학생이 말이다. 난 말없이 지켜봐주기만 하면 된다. 중간에 의기를 붇돋아 주는 말만 해주면 된다. 기본교과서나 풀었던 문제집에서 유사한 형태를 찾아봐주기도 한다.

더 웃긴 일은 스스로 선생님이 되기도 한다.

"선생님 이 문제를 이렇게 풀면 이렇게 되죠 그다음에
아~~~"

하면서 말이다. 혼자 질문 아닌 질문으로 설명을 하다가
스스로 답을 찾는다. 정말 내가 한 것이 없다. 그냥 들어주
기만 한 것뿐이다. 맞게 풀었는지 스피드를 요할 땐 답안
지를 쥐어주며 부탁도 한다. 본인이 풀이집을 보면 다 보
게 돼서 안 된다고 말이다. 그렇게 수업 시간내 같이 앉아
만 있어주고 나온 학생들은 대체적으로 상위권이었다.

그 학생들의 또 한가지 공통점이 있다. 모든 생활을 스
스로 알아서 한다. 수업시간에 대한 약속이라든지 보충계
획 그리고 내용까지도 말이다. 같은 상위권의 학생인데도
다른 학생들이 있다. 모든 일을 엄마가 알아서 해준다. 스
스로 하는 일이 없다. 아! 한 가지 있다. 바로 짜증을 내는
일이다. 지금 수업하기 싫어서 짜증내고 공부하기 힘들어
서 짜증내고 말이다.

같은 상위권인데 참 다르다. 짜증내는 상위권아이들의
최악은 잘 참다가 고3때 자아독립을 한다는 것이다. 갑자

기 반항을 시작하며 성적이 곤두박질치거나 또는 아프다. 그래서인지 원하는 대학을 종종 가지 못하는 경우가 있었다. 아마 그 학생은 학교에 합격하지 않은 탓을 엄마에게 돌리고 있을지도 모르겠다.

인생이 성적순은 아니다! 그렇다면 인생은 인성 순이라고 말하고 싶다.

성적이 높아 직업을 잘 얻고 돈을 좀 더 잘벌 수 있다. 그러나 인생이 행복한지 묻고 싶다. 인생을 자기주도적으로 이끌고 스스로 행복을 느낄 수 있는 인성이 중요한 것이다.

성인이 내가 봐도 참 인성이 좋은 학생들이 있다. 만사가 부정적이지 않고 모든 것을 수용할 수 있는 인성을 가진 학생들이다. 성인인 내가 봐도 배울 것이 많은 학생들 말이다. 나이를 막론하고 배울 것이 많은 사람을 보면 존경한다. 참 잘 자란 학생들을 보면 존경스럽기까지 하다. 그래서 학생들에게 더 존댓말을 유지하게 된다. 가끔은 내 상황을 설명하며 조언을 얻기도 했다. 내가 보지 못한 관점을 볼 수 있었기 때문이다.

　스스로 답을 찾고 주도적인 인성을 가진 학생들의 공통점의 또 하나는 독서에 있었다. 내가 고등학교 때 이해할 수 없는 몇 친구들이 생각난다. 하루는 시험전날 학교도서관에서 공부를 하고 있었다. 한 문제라도 더 풀고 고심하고 있는데 여유롭게 책을 읽는 친구를 발견했다. 전교1등을 달리고 있는 친구였다. 공부를 다한 여유라고 생각하기에는 이해하기 어려웠다. 궁금한 것을 참지 못하는 성격에 가서 물어 보았다.

　"지금 그 소설책이 눈에 들어와?" 라고 말이다. 친구의 대답은 나를 더 당황시켰다.

　"이렇게라도 잠깐씩 쉬어야지!" 하는 것이었다. 그 친구는 무척 여유로워 보였다. 급한 당장의 시험 앞에서도 책을 볼 수 있는 시간만큼 말이다. 성격도 항상 그랬다. 그 독서속에서 다양한 생각과 경험을 통해 큰 포용력과 통찰력을 키우고 있었던 것이다.

　꼭 독서가 아니더라도 다양한 문화적 체험을 통해 많은

사람들을 이해하고 포용할 수 있는 인성교육이 꼭 필요하다. 그것이 인생을 살아가는데 자신 스스로가 행복하게 살수 있는 인성이기 때문이다.

# 2. 튼튼한 자기 관리를 한다.

요즘 청소년들과 대화하려면 신문자료 2가지, 과학칼럼 2가지 이상의 자료정도는 준비해야한다고 한다. 예전처럼 버럭하는 스타일로는 먹히지가 않는 것이다.

'아빠 어렸을 적에는'으로 시작하기에는 시대가 너무도 많이 변해버렸다. 지식을 많이 알아야하는 시대가 아니다. 빅데이터를 분석하고 잘 활용할 줄 알아야 하는 시대인 것이다. 태어나자마자 핸드폰으로 만화를 보고 자라는 아이들과 6.25 시대 이야기를 할 수는 없지 않은가.

'게임을 하지마라' 백번 말하는 것보다 게임을 해서 뇌의 발달이 되지않는 과학칼럼과 그로 인한 다양한 통계자료가 나와 있는 신문자료를 준비하는 것이 필요하다. 핸드폰중독에 가까운 상태에 학생들에게 핸드폰을 그만하라는 것은 소귀에 경읽기다. 사실 성인들이 일을 핑계로 핸드폰을 손에서 못 내려놓는다.

첫째가 초등학교 6학년 때였다. 담임선생님이 핸드폰중독방지를 위한 가족협조문을 보낸 적이 있다. 방법은 다음과 같았다.


1. 핸드폰바구니를 만들어 정해진 장소에 놓는다.

2. 귀가 후 정해진 시간이후에 가족모두가 핸드폰을 바구니에 넣는다.

3. 1시간 간격으로 핸드폰을 확인가능하며 핸드폰장소에 와서 보고 다시 넣는다.

4. 가족 모두 함께 해야 한다.


그런데 실천을 못하는 것은 아이들이 아니라 부모였다.

게임중독수준에 가까운 아빠와 카톡으로 수다를 떨어야하는 엄마 말이다. 온가족이 핸드폰바구니에 모여앉아 버리는 꼴이 되고 말았다.

자기관리가 철저한 학생이 있었다. 조용한 성격의 중학교 남학생이었다. 고등학교가 되고 1학기를 지낸 후였다. 수업에 대한 안내 톡을 못봤냐는 말에 핸드폰을 2G폰으로 바꾸었다는 것이다. 컴퓨터에 PC버전 카톡도 지웠다고 했다. 바로 얼마 전 게임만 하고 있던 중학교 남학생이 게임과 핸드폰을 포기한 것이다. 마음속에 어떤 결심이 있었는지 알고 싶었다.

중학교 때 중상위권정도를 유지했던 학생이었다. 고등학교에 올라와 첫 시험을 보고 대부분 적잖이 충격을 받는다. 중학교 때와는 성적의 차원이 다르기 때문이다. 보통의 반응은 두 가지다. 지금 이 학생처럼 충격을 받고 전환점이 되는 경우가 있고 충격 그 자체로 좌절을 하는 경우가 있다. 이 남학생은 긍정의 전환점이 되었던 것이다.

핸드폰과 게임을 접게 된 직접적인 원인을 물었다.

바로 스스로의 생활시간이었다. 다른 친구들과 똑같이 학교가고 학원가고 집에 있는 시간이 비슷했다고 한다. 어디서도 해결방법을 찾기 어려웠다고 했다. 그리고 자기의 시간을 세세하게 분석하기 시작했다. 바로 시간활용분석을 한 것이다. 그 속에서 짜투리시간을 찾게 된 것이다. 그 대부분을 지금까지 핸드폰과 게임을 한 것을 알게 된 것이다.

많은 학생들이 이 부분을 스스로 잘 인식하지 못한다. 누군가 인식시켜주는 것보다 이 남학생처럼 스스로 인식하는 것이 가장 효과가 크다. 하지만 미성숙한 청소년이기에 멘토나 코치가 그 부분을 함께 인식하는 것이 중요하다. 가정에서 또는 학교에서 얼마든지 함께 찾아볼 수가 있다. 찾는데서 그치는 것이 아니라 아주 조금씩 훈련과 연습을 통해 스스로의 시간을 관리할 수 있도록 해야 한다.

짜여져 있는 시간표와 학원시간이 아닌 학생 스스로가 주도적으로 시간을 계획하는 것이다. 어른들이 술과 담배를 하루아침에 못 끊는다. 조금씩 줄여나가는 훈련을 해야 금단현상도 줄고 꾸준히 해나갈 수 있는 의지를 키울 수 있다. 학생들도 마찬가지다. 핸드폰과 게임을 한 번에 차단시키는 것은 어렵다. 조금씩 줄여나가며 시간 관리를 통한 작은 성취감부터 만끽하게 해 보자.

하루 30분의 시간활용의 성취감을 느낀 학생의 10년 후의 모습은 어떨지 생각해보자. 그 작은 자기관리의 시작이 자기인생을 주도적으로 사는 것의 출발점이 되는 것이다. 순간의 행복감을 느끼며 스스로 자존감을 높일 수 있다. 그것이 긍정적인 인생의 밑바탕이 될 수 있다.

많은 학생들이 자존감이 낮다. 그런 학생들을 만나면 우선 이야기를 들어준다. 지금의 모습을 백지상태로 만들고 다시 시작해본다면 어떤 모습이 되고 싶은지 말이다. 바로 그것이 학생의 꿈이다. 그 꿈을 위해 지금 내 상태를 파악하는 것이 중요하다. 그래서 학생을 만나면 제일 처음 하는 것이 생활시간을 나열해보는 것이다. 스스로도 알지 못하는 시간의 활용 상태를 보는 것이다.

그 시간의 상태를 보고 학생이 느끼는 점을 이야기 나누어본다. 어떤 판단도 지적도 h하지 않는다. 함께 느낀 점을 이야기하고 원하는 방향을 찾아보는 것이다. 그리고 할 수 있는 방법도 말이다. 그렇게 자신이 할 수 있고 하고 싶은 방향을 찾을 수 있을 때 행동이 나온다. 가장 강력한 행동의 힘 말이다. 그리고 묵묵히 지켜봐준다. 이때 부모님들이 제일 기다려주지 못한다. 당장 성적이 나와야 하는 것에 급급해서 말이다. 지금 6개월만 기다려주면 60년의 인생을 스스로 그릴 수 있다.

## 3. 사랑이 넘치는 가정에서 행복을 느낀다

'엄마가 행복해야 아이가 행복하다?'

그럼 엄마의 행복은 아이를 위해서인가? 아이를 위해서 인가? 누구를 위한 행복일까?

광고 문구를 보며 의무적으로 엄마는 행복해야한다고 되뇌인다. 그렇게 행복해야하는 엄마가 많이 힘든 사회다. 요즘 초등학교 한반 인원수가 20명이란다. 출산율은 점점 낮아지고 있다. 이것은 결혼에도 영향을 끼치고 있다. 결혼율도 줄어들고 연령대가 점점 뒤로 가고 있다.

결혼율과 출산율이 점점 줄어드는 데는 여러 가지 이유

가 있다. 그중 한 가지가 엄마의 역할이다. 직업을 유지하며 육아도 해내는 워킹맘의 역할말이다. 그것은 이혼율에까지 영향을 미친다. 서로의 역할을 이해 못하고 끝내 이혼하고 만다. 그 영향은 고스란히 자녀에게 가게 된다. 설사 결혼을 유지한다 해도 행복하지 않은 가정도 많다. 과연 어디서 이 문제의 매듭을 풀어야 할까

다양한 학생들을 만나면 다양한 가정도 만나게 된다. 그중 이혼한 가정, 한부모 가정, 행복한 가정, 불행한 가정 다양하다. 행복의 기준이 무엇이라고 정의하기는 어렵다. 내가 생각한 기준은 학생의 표정과 생각이었다. 성격의 영향도 있다. 타고난 성향말이다. 그러나 대체적으로 학생들의 이야기를 들어보면 느껴지는 것이 있었다.

가장 예민한 시기의 중1여학생을 만난 적이 있다. 엄마는 수업을 의뢰하시며 성적보다 마음을 챙겨달라고 부탁하셨다. 간혹 그런 부탁을 하시는 부모님들이 계시다. 사실 마음을 챙기면 성적은 알아서 올라간다. 그것을 알고 부탁하시는 부모님들이 많지는 않으시다. 간혹 수업후 표

정이 편안해지고 짜증이 줄었다는 이야기를 하시는 부모님들이 계시긴하다. 곧이어 성적상승의 효과는 덤이었다. 그만큼 마음을 챙기는 수업이 중요하다.

엄마는 덧붙여 이야기를 해주셨다. 한동안 청소년상담소를 다녔다고 했다. 마침 이력에 코칭전문가를 보시고 수업과 함께 의뢰를 하셨다고 했다. 그렇게 시작된 수업은 여느 수업과 다르지 않았다. 지금 현재의 공부 상태를 점검하며 학교생활 등 이런저런 이야기를 풀어나가기 시작했다. 누구나 자신의 이야기를 들어준다는 확신이 드는 순간 봇물터진다. 그렇게 수업과 이야기가 무르익어갔다.

어느 날 속마음을 드러내기 시작했다. 초등학교 저학년 때 부모님이 이혼을 했다고 했다. 그리고 이어진 학교생활의 힘든 시기를 말하기 시작했다. 친구들과의 싸움이 잦아졌지만 본인의 잘못은 없었다며 하소연했다. 그 순간은 충분히 공감해주기 시작했다.

' 힘들었겠다, 이해가 안 간다. 너같이 착한 친구를 왜?...."

라고 말이다.

충분한 공감 후 어떻게 해야 할까?

그렇게 되는 모든 이유를 부모가 사랑하지 않아서일까? 엄마가 행복하지 않아서라고 할 수 있을까? 아주 영향이 없다고 할 수는 없지만 그것이 전부가 아니다. 그렇게 원인을 파악하는 것도 방법이 될 수 있다. 그러나 정말 중요한 것은 앞으로 어떻게 해야 하는 것이다. 지금 필요한 것은 바로 '용기'이다.

여러 가지 불행한 장면을 보고 이겨낼 수 있는 용기 말이다. 그 고난 속에서 자신의 존재를 사랑할 수 있도록 말이다. 세상의 단 한사람만이라도 '괜찮아' 라고 말해주면 된다. 그것이 엄마가 되도 좋고 다른 사람이어도 좋다. 그렇게 용기를 내어 자신을 사랑하면 된다. 그 속에서 자존감이 자라나게 된다.

'사랑이 넘치는 가정에서 행복을 느낀다' 는 의미는 가정이 모두 사랑해야한다는 의미가 아니다. 엄마가 언제나 행복해야 자녀가 행복하다라는 의미가 아니다. 세상에는 언제나 사랑하고 행복한 가정이 있는 것이 아니다. 바로 자신을 사랑할 수 있게 하면 되는 것이다. 가정도 엄마도 불행하고 힘들 수 있다. 그러나 그 불행이 자녀 때문이 아니라고 말할 수 있는 용기가 필요하다. 그리고 자녀가 스스로를 사랑할 수 있게 해야 한다. 존재자체로서 스스로는 사랑받을 자격이 있고 엄마는 너를 사랑한다고 이야기해 주면 된다.

워킹맘이 흔히 하는 실수가 바로 이것이다. 아침에 어린이집과 유치원 앞을 가끔 지나친다. 아침 일찍 아이와 헤어져야하는 엄마의 표정을 보면 다양하다. 미안해하기도 하고 안쓰럽기도 하다. 또는 엄마이기 전에 한 직장인으로서 피곤함도 역력하다. 이내 뜻하지 않는 짜증까지 내기도 한다. 그 모든 미안함이 아이에게 전달된다.

그 미안함으로 퇴근하면 반응은 두 가지다. 한 가지는 원하는 거 다해줄게 하는 반응이다. 맛있는 거를 사주고 원하는 것을 다 해줄 듯 말이다. 또 한 가지는 피곤과 짜증이다. 내가 누구 때문에 이 고생이냐 하는 표정 말이다. 하루 종일 일하고 와서는 제2의 직장처럼 아이의 뒷바라지와 집안일을 하니 말이다. 몸이라도 아픈 날이면 더하다. 지친 몸으로 어느새 잠들어버린 아이의 모습을 보면 한없이 후회가 밀려온다.

이런 일상이 반복되는 워킹맘이 과연 행복할까? 매스컴조차도 워킹맘을 힘들고 지친모습으로 조명한다. 그리고 말한다. 엄마가 행복해야하는데,,, 그래도 엄마들이 이 일상을 반복하며 일을 놓을 수 없는 것은 무엇일까? 바로 자신을 사랑하기 때문이다. 자아실현의 꿈을 이루기 위해 이 일상을 이겨낼 수 있는 것이다. 그런데 그 일상이 불행한 것이며 마치 아이에게 죄를 짓는다고 생각하는 실수를 범하게 되는 것이다.

이 세상의 엄마들에게 말하고 싶다. 엄마이기 전의 본인을 사랑하라고 말이다. 그 속에서 행복하다고 말이다. 그리고 아이를 바라보고 말하면 된다.

'엄마는 행복하다. 우리 아이가 있어 더 행복하단다. 때론 힘들도 불행할 수 있다. 그것은 너와는 아무 관계가 없

단다.　너는 충분히 사랑받을 자격이 있는 귀한 존재란다. 그걸 잊지 말아라'

　그렇게 그 중1의 여학생은 어떻게 되었을까? 항상 수업 시간의 70%는 자기의 이야기를 풀어야했다. 그렇게 자신감을 찾아가기 시작했다. 학생회장을 하는 리더십을 가질 수 있는 정도로 말이다. 엄마는 너무 행복해하셨다. 그리고 진로방향도 정확히 찾았다. 그렇게 사춘기와 힘든 시기를 잘 이겨낸 것이다. 고난을 이겨내는 든든한 무기를 하나 장착한 듯 잘 자란 것이다.

# 4. 긍정마인드는 기본!!

'참 잘 자랐다'

하는 느낌이 드는 학생들이 있다. 예의도 바르고 성실하다. 무엇보다 참 긍정적이다. 짜증을 내던 내가 다 창피할 정도로 말이다. 그런 학생들은 무엇을 해도 잘된다. 운이 좋은게 아니다. 뿌린다고 거둔다고 할까! 어쩌면 같은 상황에도 긍정적으로 해석해서 그럴지도 모른다.

0.1점의 차이로 등급이 나뉘고 0.0001의 차이로 대학의 합격이 정해지는 순간이 있다. 정말 재수 없는 경우는 가슴이 아플 지경이다. 그런데 긍정마인드는 이 모든 상황을 이겨내는 힘이 있다. 물론 좋은 경우는 복을 받았구나 한

다. 그러나 나쁜 경우에는 금방 이겨낸다. 그것을 회복탄력성이라고 한다. 찌그러진 공이 다시 동그랗게 되돌아오는 모습이라고나 할까.

위기를 기회로 삼는 경우도 있다. 한 번의 대학실패로 좌절하지 않는다. 오히려 기회삼아 더 좋은 대학을 위해 노력한다. 실패에서 큰 가르침을 얻고 더 크게 성장한다. 실패 없이 자란 학생들보다 오히려 사회적응이 빠르다. 그래서 젊을 때 고생은 사서도 한다 라는 말이 있는 것 같다. 많은 실패를 해봐야 성장할 수 있기 때문이다.

OECD 국가 중 청소년 자살률이 1위이다. 바로 이 긍정마인드의 부족인 것이다. 실패를 해보지 않고 자라난 청소년들이다. 엄마가 다 해결해 주는 것에 익숙하다. 그 속에서 실패를 배우지 못한 것이다. 실패나 좌절 속에서 다시 일어나는 방법을 배우지 않은 것이다. 스스로 생각하고 극복해내는 방법 말이다.

청소년시기에 이 방법을 배우지 못한 학생들은 성인이 되면 더 큰문제가 된다. 입사시험에 실패할 수도 있고 승

진에 누락될 수도 있다. 때론 뜻하지 않는 사고를 당할 수도 있다. 그때 이겨낼 수 있는 힘은 바로 긍정마인드이다. 그 속에서 회복탄력성의 힘이 나오는 것이다.

그런데 많은 학생들의 반응은 문제가 생기기도 전부터 걱정부터 한다. 부정적인 생각을 잔뜩 가지고 시작한다. 긍정적인 생각을 가지고 해도 될까 말까 한데 말이다. '망했어'라는 말을 연달아 하면서 말이다. 특히 공부를 잘하는 아이들의 엄살이 그렇다. 시험기간이 시작되면 엄청 엄살을 떤다. 공부를 하나도 안했다며 말이다. 가르치는 내가 봐도 어이가 없다. 문제를 풀어보면 실력이 확연히 드러나는데도 말이다.

시험은 내가 알고 있는지 모르고 있는지를 알아보는 시간이다. 물론 현실은 성적순으로 등급을 나누고 줄을 세워 대학을 가는 상황이다. 그러나 그것이 인생의 성공과 행복을 결정하지는 않는다는 것을 누구보다 부모님들이 더 잘 아실꺼다. 그런데도 시험의 스트레스를 받아가며 공부를 하게하고 부정적인 마인드를 키우는 법만 가르치고 있지 않은가. 정말 우리 청소년들에게 가르쳐야하는 것은 세상을 살아가는 긍정마인드가 아닌가 싶다.

언제나 문제는 발생한다. 그 문제를 어떻게 받아들이냐는 것이다. 부정으로 받아들이고 인생을 힘들게 이어나가는 것은 본인 자신이다. 긍정으로 받아들인다면 다름 아닌 자신이 가장 이득이다. 그래서 누군가를 용서하는 것은 다름 아닌 나를 위한 것이다.

이종사촌을 함께 수업한 적이 있다. 언니의 딸과 동생의 딸의 반응이 항상 달랐다. 시험이 다가오면 확연하게 나타나곤 했다. 그래서 위기의 상황에서 성격이 나온다고들 하나보다. 평소에는 사촌지간이라 편하게 수업을 했다. 그런데 시험기간만 다가오면 동생의 딸이 예민해진다. 언니의 딸은 지금 할 수 있는 최선의 방법을 찾는다.

한번은 숙제를 손도 대지 못한 것이다. 요즘 고등학생들의 과중한 학교과제로 인한 상황이었다. 시험기간이니 수행평가로 이중부담이었던 것이다. 그런데 시험은 다가오고 숙제는 밀렸다. 이런 상태이면 시험당일까지 목표하는 문제를 다 못 풀고 시험을 보게 될지도 모르는 상황이었다.

동생의 딸은 걱정과 걱정 그리고 짜증을 내고만 있었다. 언니의 딸은 다른 반응이었다. 지금 이 상황에서 최선의 방법을 찾아 그 부분에 대해 도움을 요청했다. 서로 다른 학교이기도 했고 요청한 부분을 위해 시험기간만은 분반을 하게 되었다. 동생의 딸에게도 방법을 찾기를 권했지만 시험 전날까지도 그 상태였다. 끝내 그 탓은 선생님에게로 왔다.

언니의 딸은 평소에도 긍정적이다. 대부분 동생의 딸에게 맞춰준다. 그로 인한 큰 스트레스도 없었다. 참 잘 자랐다는 느낌이 들었다. 언니의 딸은 고1의 성적에서 꾸준히 향상을 이루었고 서울 안에 원하는 대학을 합격했다. 아마 사회생활도 잘할 것이다. 긍정의 여유에서 나오는 배려를 기본으로 가지고 있기 때문이다.

긍정은 기본이다. 그로인해 나오는 배려, 예절, 자존감을 모두 가지고 있기 때문이다. 그 긍정의 마음이 인성의 기본이다. 인성이라는 나무가 잘 자라게 하기 위한 긍정의 대지를 가질 수 있게 되길 바란다.

# 인성근력 키우는
# 다섯 가지 습관

# step 1 귀 기울이는 습관

　뉴스에 자살관련 소식을 들으면 이런 생각이 든다. 누군가 단 한 사람이라도 그 사람 옆에 있었다면 하는 생각 말이다. 정말 내가 하는 이야기에 단하나의 지적이나 판단 없이 끄덕끄덕 들어주는 사람 말이다. 오죽하면 "답정너"라는 말이 있겠는가? 답은 정해져있어 넌 대답만 하면 돼 라고 말이다. 내 말을 들어주는 사람이 없으니 이제는 이렇게 답을 알려주고 이야기를 시작하는 것이다.

　성적이 낮아서 상담을 해보면 간혹 의아할 때가 있다. 문제를 풀려보면 이해하는 수준이 높을 때 말이다. 공부를 안했다고 하기에는 머리가 너무 좋다. 이럴 땐 마음의 문제가 있을 때이다. 특히 자신감에 문제가 있을 때이다. 그 문제의 원인을 찾아보면 90%이상이 부모이다. 수업 시간 내 학생의 지능적 우월성을 입증하는 문제풀이를 하고 자신감을 끌어올려놓고 다음 주에 만나면 다시 제자리다, 잘하려고 했던 학생에게 한마디로 초를 치는 것이다.

학생의 자신감은 여러 가지로 회복할 수 가있다. 그중 하나가 성취감이다. 나도 해낼 수 있다는 경험을 하게 하면 된다. 모든 일은 첫술에 배부를 수가 없다. 단계가 필요하다. 한문제도 풀지 않던 학생에게 100문제씩 숙제를 줄 수는 없다. 1단계는 10문제의 목표를 주었다고 생각해보자. 한문제도 안 풀던 학생에게는 10문제도 많을 수가 있다. 그런데 도전을 하기도 전에 엄마의 잔소리가 시작된다. 아니 10문제를 준 선생님부터 맘에 안 드실지도 모른다.

작은 단계의 성취감부터 만끽해야 그 다음을 넘어 갈 수 있다. 아니 넘어가려고 한다. 바로 이 심리를 이용한 것이 게임이다. 1단계는 아주 쉽다. 쉬운데도 보상이 있다. 그리고 2단계로 레벨업의 현란한 화면이 나온다. 2단계도 도

전해보고 싶은 마음이 생긴다. 그렇게 단계가 올라갈수록 성취감이 이만저만이 아니다. 그래서 그렇게 어려운 레벨을 막 해내고 그런다.

자녀가 아기 때를 생각해 보자. 이제 막 태어나서는 해내는 일 하나하나가 신기할 따름이다. 입만 뻥긋거려도 서로 엄마라고 그랬다며 아빠라고 그랬다며 박수를 치고 좋아한다. 기었을 때 일어났을 때 한발을 띠어 걸었을 때 우리는 한없는 응원의 박수를 쳤던 부모님이었다. 그런데 지금 그 어려운 공부를 해내려고 한다. 그런데 아무 응원도 귀기울여주는 공감도 없는 것이다. 오히려 자신감을 한없이 떨어뜨리는 잔소리가 끝이 없다.

그렇게 무너진 자신감을 또 세우려고 수업을 가는 나의 무기력함을 느낄□가 한두번이 아니다. 왜 우리자녀가 그렇게 공부를 힘들어 하는지 정말 한번만 귀를 기울여준적이 있는지 말이다. 단 한 번의 지적도 판단도 없이 말이다. 부모의 인내심으로 말이다. 그것이 자녀가 살아가는데 가장 큰 힘이 될 것을 믿고 말이다.

방황하고 돌아다니는 청소년들이 있다. 왜 집에 들어가지 않냐고 물어보면 모두 똑같이 대답한다. '집에 가기 싫어요.' 그 이유는 다양하다. 그런데 들어보면 집에 가도 내편이 없어요라고 들린다. 공부를 잘하든 못하든 친구와 싸웠든 안 싸웠든 내 자녀이다. 우선 어떤 이유와 판단을 하지 말고 반갑게 맞이해야한다. 그리고 바라봐 줘야한다. 기분이 안 좋은지 좋은지 그리고 기다려 줘야한다. 이야기하고 싶을 때까지 말이다.

이건 청소년의 문제뿐만이 아니다. 이혼하는 가정, 불화가 있는 가정에게 단 1주일만이라도 의무적으로 가족의 이야기를 들어주는 실험을 한다면 모든 이혼과 불화가 사라질 것이다. 일하며 지쳐 들어온 엄마와 아빠에게 왜 인제 들어오냐며 지적과 잔소리를 하는 자녀가 있다면 어떻겠는가? 열심히 자식위해 돈벌어오는 부모님께 돈이 적다며 짜증을 낸다면 어떤 기분이 들겠는가 말이다.

"경청"

온 마음을 다해 들어야하는 이시대의 키워드이다.

"공감"

자기의 입장에서가 아니라 온전히 상대방의 입장에서 들어야하는 마음인 것이다.

경청과 공감을 잘하는 학생과 가정에게 칭찬을 해야 한다. 장려해야한다. 그런데 매스컴은 잘못한 것에 대한 지적에 너무 익숙하다. 이제 한 아이를 키우기 위해 온 마을이 필요한 것이 아니라 이제 나라가 움직여야한다. 그런 문화를 만들어야한다. 귀 기울이는 습관을 장려하는 문화 말이다.

경청과 공감 어렵지 않다. 방청객반응이라고 한다. 우리가 TV를 보며 맞장구도 치고 아하~ 하는 탄성을 내기도 한다. 그것을 과하게 유도하면서 방청객의 반응을 이끌어 내야 진행하거나 강의자 또는 가수들이 더욱 힘이 나게 된다. 그렇게 훈련하자. 어느새 몸에 배서 누군가의 이야기를 들어주는 문화가 익숙해질 것이다.

어렵지 않게 말이다. 누구나 쉽게 도전해볼 수 있는 1단계부터 말이다.

이번 주 1주는 말없이 듣는 것부터 연습해보자.

그리고 2주는 방청객반응을 해본다.

3주에는 말한 것을 요약해서 이 말을 했는지 물어 보는 거다.

21일의 습관의 법칙처럼 습관이 되는 것이다. 지금부터 시작해 보자.

# step 2 용기를 내는 습관

'아! 엄마 때문이야'

학생들에게 많이 듣는 말이다. 뭔가 일이 잘못되면 학생들은 일단 엄마 탓부터 하고 본다. 엄마와 아무 상관이 없는 듯 한데도 말이다. 입버릇처럼 엄마 때문이란다. 이유를 물어보면 답은 똑같다. '엄마가 이렇게 하라고 했어요' 라고 말이다. 학생도 엄마도 어이가 없다는 표정이다.

그 순간 학생의 상황과 감정을 공감한다. 그리고 이성적이 되었을 때 이야기를 나눈다. 왜 엄마 탓이라고 생각하는지 말이다. 이유는 다양하다. 난 다시 묻는다. 엄마가 하라고 해서 한 것은 누구인지 말이다. 그 순간 그 행동을 선

택한 사람은 누구인지 말이다. 만약 너라면 어떤 선택을
했을지 말이다.

다음에 또 비슷한 상황이 생겼다고 가정해보자. 당황스
럽고 어려운 상황이다. 해결할 수 있는 방안을 찾아본다.
각각의 해결점을 선택했을 때의 결과를 예측해보는 것이
다. 결과의 상황에 따라 행동을 선택하는 연습을 하는 것
이다. 그때 필요한 것이 자신의 행동을 선택하는 용기이
다. 누구를 위해서? 바로 자신을 위해서 말이다.

수업시간에 항상 늦는 학생이 있었다. 이런 학생들이 학
교에 지각도 잘한다. 사회에 나가서도 약속에 잘 늦는다.
이유를 물었다. 바로 엄마다. 처음에는 엄마가 바쁘셔서
그런가보다 했다. 생각해보니 학교 끝나고 오는 수업시간
이다. 그러니 엄마와는 아무런 관계가 없었다.

중요한 보충일정을 정했다. 그런데 역시 늦은 것이다.
이유는 뻔했다. 엄마 때문이다. 밥을 늦게 차려줬다는 것
이다. 그날 보충은 중요하지 않았다. 그래서 이야기를 시
작했다. 시간을 미래로 돌려 성인이 되었다. 중요한 약속

이 있는 날을 상상했다. 역시나 늦었을 경우 그 책임을 누가 져야할지 말이다. 모든 행동의 주인공은 본인 자신이라는 것을 생각해보는 시간이었다. 이후로 행동을 선택하고 책임지는 수업이 이루어졌다. 수학수업보다 인생을 사는데 더 필요한 수업이었다.

시험을 못본 것을 선생님 탓하는 학생도 있다. 아니 엄마들이 더 많다. 그래서 강사들 사이에서 이런 말이 있다. 성적이 오르면 '우리애가 잘했죠', 성적이 떨어지면 '선생님이 실력이 없나봐'라고 말이다. 물론 성적이 오르게 하는 것이 선생님의 역할은 맞다. 그러나 직접 공부를 하는 것은 학생인데 말이다. 그래서 공부방법의 선택을 학생이 주도적으로 해야 하는 것이다. 그것이 진정한 자기주도학습인 것이다.

스스로 진로를 결정하고 그 진로를 위해 방법을 선택한다. 필요한 공부와 방법을 말이다. 학원을 할지 혼자할지 또는 집에서 할지 도서관을 갈지 말이다. 그렇게 스스로 선택한 행동에 대한 결과 즉 성적을 책임을 지게 되는 것이다. 그렇게 시행착오를 통해  배우게 되는 것이다.

　학교생활을 통해 그리고 공부를 통해 배우는 것은 지식의 습득뿐만이 아니다. 바로 이러한 시행착오와 실패, 인생의 필요한 여러 가지를 배우게 되는 것이다. 그것이 성인이 되어가는 과정이다. 청소년 때는 그런 연습을 해 나가야 하는 것이다. 스스로 선택한 일에 책임을 지는 연습 말이다.  그런데 남의 탓을 하는 연습만 하게 된 것이다. 습관처럼 말이다.

　스스로 선택하는 것에 필요한 것이 바로 용기이다. 결과를 책임지는 것은 다름 아닌 나 자신이기 때문이다. 남의 탓을 하는 이유가 있다. 바로 그 사람을 생각했기 때문이다. 대학생들에게 학과와 대학의 결정이유를 물어본 통계를 본적이 있다. '엄마가 가래서요'가 과반수를 넘었다. 이유는 다양했다. 부모님의 명예, 친척들에게 잘 보이기 위한 것등 말이다.

　주위시선에만 신경 쓰는 것이다. 정작 자신을 생각하지 않은 것이다. 성인이 된 지금도 말이다. 자기 자신을 위해 용기를 내어 본적이 있는가? 중요한 결정을 할 때 기준의 중심은 다름 아닌 나 자신이어야 한다. 그 내면에는 자신을 사랑하는 마음이 있어야한다.

최근 화제에 오른 책이 있다. '미움 받을 용기'. 대중들의 관심을 받았다는 것은 그만한 이유가 있다. 주위에 미움 받더라도 용기를 내어 나 자신을 사랑하라는 의미의 책이었다. 현대인들은 주위에 너무 신경을 쓴 나머지 자신을 챙기지 않는다는 것이다.

화장품 광고에도 있었다. '나는 소중하니까' 라고 말이다. 가끔 청소년들이 자신의 꿈을 향해 도전하는 모습을 보면 너무 아름답다. 그 용기와 자신을 사랑하는 것이 느껴지기 때문이다. 많은 청소년들이 자신의 인생을 사는 용기를 가지는 습관을 가질 수 있기 바란다.

# step 3 건강한 몸을 위한 습관

'더도 말고 덜도 말고 건강하게만 자라다오'

했던 부모가 지금은 어떤 생각을 가지고 있을지 궁금하다. 세상에 태어난 아기를 보고 다들 저런 마음을 가지고 육아를 시작한다. 그렇게 자라난 학생들의 고등학교 교실에는 체육시간이 없다. 요즘은 수업시간마저 모두 자율학습시간이 되버린 것이 현실이다.

사회에 성공한 사람들에게는 공통점이 있다. 부지런하다. 그것은 건강하다는 것이다. 다시 말해 체력이 좋다고 할 수 있다. 그로인해 짜증이 적다. 관계성이 좋을 수밖에 없다. 자기관리가 철저하게 된다. 그래서 성공한 ceo들은 보통 새벽3-4시에 기상을 해도 거뜬하다. 잠을 2-3시간 잔다는 이야기가 된다. 어디서 그런 에너지가 나올까 살펴보면 기초체력이 튼튼하다.

학창시절에 공부와는 담쌓고 살던 친구들이 성공한 이야기를 종종 듣는다. 일단 그 친구들은 체력이 좋았다. 그리고 공부하지 않고 바깥활동을 많이 해서인가 피곤할 줄을 모른다. 그야말로 잘 놀 줄 안다는 것이다. 자연히 관계성이 좋을 수밖에 없다. 사람을 빠르기 파악하고 그것에 잘 맞출 수 있기 때문이다. 인생에서 가장 중요한 것을 일찍 배우게 된 것이다.

하버드학생들의 하루를 보여주는 프로그램이 있었다. 궁금했다. 어떻게 하루를 보내는지 말이다. 가장 놀란 것은 하루를 48시간과 같이 보낸다. 역시 그것을 소화할 수 있는 체력이 있었다. 낮에는 수업 듣고 친구들과 놀기도 하고 평범했다. 밤이 되도 그들의 생활은 이어졌다. 스터디그룹이 1시간마다 있었다. 원하는 연구를 한다고 신청하면 주는 연구실도 있었다. 그곳에서 전공과는 다른 연구에

몰입하기도 한다.

데이트도 하고 술 한잔을 기울이기도 한다. 2-3시간의 잠을 자는 것 같더니 이내 일어나 과제를 위해 도서관을 향하는 것이다. 역시 기초체력이었다. 우리나라의 축구팀이 발전하게 된 계기도 바로 여기에 있다. 우리나라가 4강에 들기 이전의 축구경기를 생각해보자. 전반전에서는 외국선수들 못지않게 잘 뛴다. 기술도 뛰어나다. 승부는 후반전에서 엇갈린다. 뛰지를 못한다. 바로 기초체력 때문이었다.

학부모의 입장에서 외국학교에서 가장 가져오고 싶은 것이 있다. 바로 체육시간이다. 외국학교의 체육시간은 기본이 2시간이다. 매일 말이다. 비가 오나 눈이오나 상관없다. 우리나라의 초등학교도 움직임이 많아졌다. 등교시간을 늦추고 건강달리기를 한다. 오후에 체육시간도 있고 방과후 활동이 활발하다. 중학교에서 급격하게 줄어드는 체육시간이 고등학교에는 점점 사라지고 있다.

'건강한 신체에 건강한 정신이 깃든다'고 했다. 온 국민이 건강해야 한다. 부모가 건강해야 자녀가 건강하다. 선생님이 건강해야 학생이 건강하다. 몸이 아프면 예민해진다. 그로인한 짜증이 나는 것이다. 그런 상태에서 올바른 공부가 될 수 없다. 단순히 지식을 쌓는 공부는 이제 필요하지 않다. 인공지능이 알아서 하는 시대가 왔다. 빅데이터를 파악할 수 있는 건강한 인간의 뇌가 필요한 것이다.

수업시간에 짜증이 나있는 학생이 있으면 그날은 쉰다. 그 머릿속에 문제 하나 더푸는 것이 중요하지 않기 때문이다. 무슨 일로 짜증이 나있는지 물어본다. 이야기를 하는 학생은 들어주고 하지 않는 학생은 기다려준다. 그 기다림에서 수학문제를 푸는 것이 도움이 되는 날도 있다. 그래서 수학자들이 철학자에서 출발했나보다.

세상에는 답이 없는 문제들이 많다. 그런데 수학에는 답이 있다. 문제를 풀며 답을 찾아가는 과정에서 기분이 해소되기도 한다. 또는 다른 답이 풀리기도 하기 때문이다. 그렇게 자기만의 스트레스를 푸는 방법이 필요하다. 건강한 정신을 위해서 말이다. 그전에 건강한 신체를 위해서는 꾸준한 활동이 필요하다.

일주일에 3번 이상 30분 이상 할 수 있는것이면 뭐든 좋다. 건강한 신체과목이 생겨 수행평가에 들어가면 또 사교육이 될 수도 있다. 하기 싫은 종목을 선택해 억지로 하게 되는 운동 말이다. 그런 것이 아닌 자신이 좋아하는 신체운동말이다. 자전거타기, 간단한 산책 말이다. 학생들이 쇼핑하는 것도 권한다. 정해진 금액 안에서 돌아다니며 쇼핑을 하는 것도 걷기 운동이 되는 것이다.

'책상에는 앉아있는데 성적이 안 오른다'라고 하는 학생들의 대부분이 신체의 움직임이 없다. 고정 자세에서 뇌의 운동이 안될 수밖에 없다. 뛰어난 학자들의 생활에는 산책이 많다. 학교에서 하루 종일 앉아있는 것도 힘든데 학원과 집까지 앉아있는다. 심지어 쉬는 시간도 컴퓨터와 TV 앞이니 건강문제가 심각하다.

인생에는 중요한 타이밍이 있다. 그 순간 체력이 뒷받침되지 않아 낭패를 보는 순간을 많이 보았다. 긴 학창시절의 평가인 수능 날 과민성대장염으로 실력발휘를 하지 못하는 경우가 있다. 다양한 경험을 할 수 있는 대학 시절 좋은 유학 기회가 왔을 때 잡지 못하는 건강상의 문제가 생기기도 한다. 성인이 되어서도 마찬가지다. 프로젝트팀에서 몇날 며칠 밤샘 작업을 해야 하는 순간 정신력이 체력을 버티지 못해 그 팀에서 빠지게 되는 순간들 말이다.

스트레스를 풀기위해 습관적으로 하는 행동이 있다. 그중 일부라도 건강한 신체활동을 습관화하자. 걷기를 기반한 활동이 이면 된다. 정기적인 운동이면 더욱 좋다. 학생들이 댄스 동아리를 하는 것도 찬성이다. 다양한 신체활동으로 스트레스를 풀고 건강한 상태가 된 후 집중력은 더 높이 올라가기 때문이다. 문제가 되지 않는 활동이라면 안전하고 건강한 신체활동을 응원하자. 가족이 함께 한다면 더 없이 좋다. 인성은 건강한 신체가 우선이기 때문이다.

# step 4  긍정적인 자존감을 갖는 습관

' 이렇게 하면 안 되요?'

일상에 부정적인 말을 많이 쓴다. 추워죽겠다. 배고파 죽겠다 등등 말이다. 인간은 무의식적으로 긍정보다 부정에 관심이 간다고 한다. 그렇다면 의식적으로 긍정적인 습관을 가지는 노력이 필요하다. 그 노력이 곧 습관이 될 것이다.

그래서인가? 어렸을 적 기억을 떠올리면 슬픈 기억들이 많다. 엄마가 잘해준 기억이 1가지라면 혼난 기억은 10개나 된다. 그러나 잘 떠올려보면 잘해 준 일이 더 많다. 장남이라서 혹은 장녀리서, 막내여서 사랑받았던 기억보다는 오히려 그로인해 피해본 기억이 훨씬 오래간다. 이것은 무의식적 습관이다.

이 습관을 의식적으로 긍정적인 기억을 더 많이 할 수 있도록 서로 도와야한다. 자녀에게는 특히 부모가 될 수 있고 선생님, 또는 그 주변인이 될 수 있다. 그 긍정적인 기억으로 삶이 바뀌기도 하기 때문이다. 세상에 단 한사람이라도 그 기억을 도와주는 사람이 있으면 이 습관을 만들기가 쉽다.

가끔 학생들이 수업에 집중못할 때 물어본다. 무슨 일이 있었냐고 말이다. 그들의 이야기의 대부분은 억울하거나 오해받은 일들로 인한 속상함이다. 친구에게서, 부모에게서, 선생님에게서 등 다양하다. 그러나 그들의 마음은 모두 똑같다. 그들에게 필요한 것은 바로 공감이다. 그 어느 누구에게도 판단을 듣고 싶은 것이 아니었다.

"그래서 선생님이 막 화를 내는 거야"

라고 말한다면 어떻게 대응해야할까? 물론 객관적인 상황판단이 필요하다. 하지만 지금 그들에게 필요한말은 바로 이것이다. '너 많이 당황했겠다. 애들 앞에서 너한테만 화를 냈으니 얼마나 당황했을까?' 라고 말이다.

그 순간 부정적이었던 오늘 하루 일과가 녹아내릴 것이다. 그리고 공감 받는 그 순간 긍정적으로 변할 것이다. 충분한 공감 후 차분히 상황을 다 듣고 어떻게 생각하는지 물어본다면 모두 답을 알고 있다. 본인의 잘못을 말이다.

내가 코칭을 배우고 나서 가장 티칭을 잘 할 수 있었던 것이 바로 이것이다. 공감!! 지금 어떤 감정이 드는지 그 누구보다 잘 이해할 수 있었다. 참 다양한 감정을 많이 겪어본 덕분에 말이다. 그래서 요즘 어려운 경험이 생기면 감사하다. 또 하나의 경험을 공감할 수 있기 때문이다.

긍정적인 감정에서 자라나는 것이 자존감이다. 그 자존감으로 세상을 행복하게 살 수 있는 것이다. 그 안에서 따뜻한 인성이 나오는 것이다. 이런 것을 선순환이라고 할 수 있지 않은가! 내가 베푼 따뜻한 인성이 누군가의 긍정적인 감정이 되게 하고 그속에서 자존감이 자라나니 말이다. 그래서 타인을 위해 베푸는 일이 다시 나를 위해 돌아오게 된다고 하는가 보다.

이럴 때 좋은 경험이 '봉사'이다. 봉사는 받는 사람 보다 주는 사람이 더 신난다. 봉사를 해본사람만이 느끼는 기쁨이다. 이 느낌이 바로 진정한 긍정이다. 동시에 자존감마저 올라간다. 누군가에게 도움을 줄 수 있는 존재라는 것을 느낄 수 있기 때문이다. 최고의 명문가에서는 봉사를 의무화하고 있다. 세계의 상위3%의 대부분인 유태인도 마찬가지이다.

봉사는 멀리 있지 않다. 어디서든 나의 도움이 필요한 상황이 되면 하는 것이다. 어떤 댓가를 바라지 않고 하는 것이다. 거창하게 봉사단체에 가입을 해야 하는 것만은 아니다. 요즘은 학교생활기록부에 봉사점수가 중요하다고 해서 의무적으로 한다. 심지어 공부해야하는 자녀를 위해 엄마가 대신 봉사하는 경우까지 있다. 진정 중요한 교육을 놓치고 있는 것이다.

의식적으로 가식적으로 하는 봉사에서는 배울 수 없는 것이 있다. 그것이 가장 본인에게 행복하게 돌아오는 긍정적인 자존감이라는 것을 모르는 것이다. 진정 남을 위해 베푼 것이 자신에게 돌아오는 진리를 알게끔 우리 학생들에게 먼저 베풀 수 있는 습관을 길러보자.

# step 5 하루에 세 가지씩
## 감사하는 습관

우울증환자의 치료법!!

미국의 심리학자들은 오랜 연구를 했다. 우울증 환자를 치료하는 생활습관이 바로 감사하는 습관이라는 것이다. 실제 우울증 환자들에게 아침저녁으로 감사하는 노트를 쓰게 했다. 곧 증세가 호전되었고 이내 습관이 되었다고 한다.

하루에 한 가지씩 감사하는 마음 가장 쉬운 실행 방법은 감사노트이다. 처음부터 아침저녁으로 쓰는 것은 힘들다. 의무화처럼 느껴져서 어려울 수 있다. 처음에는 하루에 한 가지씩 하다 보면 세 가지씩으로 늘릴 수 있다. 아침만 하던 것을 아침에 일어나서 한번, 저녁에 자기 전에 한번으로 할 수 있다.

한 아버님은 감사교육을 받으시고 난후 가족 카톡방을 만들었다고 한다. 평소 대화가 없던 아버님이 부인과 자녀들을 카톡방을 초대하는 방법을 배워서 만든 것이다. 하루에 세 가지씩 감사할일을 남기라고 말이다. 처음엔 주로 맛있는 것을 먹어서 감사하다의 종류로 일상에 가까웠다. 그런데 날이 갈수록 감사하는 수준이 달라졌다고 한다. 평소에 당연한 것으로 여겼던 것에 감사하게 된 것이다. 그 이후로 가족들이 대화도 많아졌다고 한다.

감사교육을 받고나면 백감사를 쓰게 하는 교육도 있다. 교육후 친정엄마께 백감사 즉 감사할일 백가지를 써서 액자에 담아 드린 것이다. 그렇게 무뚝뚝한 어머니가 한없이 눈물을 흘리셨다는 것이다. 정말 감동이지 않을까, 자식에게 백감사를 받는 기분은 정말 이루 말할 수가 없을 것이다. 부인이 남편에게 또는 남편이 부인에게 , 오랜 친구에게 받는다면 어떨까?

이 습관은 갈수록 모든 일을 긍정적으로 바라보게 하는 힘이 생긴다. 평소에도 감사할일을 생각하기 때문이다. 처음엔 의무적으로 시작할 수 있다. 대부분 처음에는 먹는 것에 감사한다. 평소 '잘 먹겠습니다' '잘 먹었습니다'라는 말을 습관화해서 그런지도 모른다. 처음엔 특정한 음식이었다가 나중에는 밥을 먹을 수 있다는 것에 감사하게 된다. 그리고 아침에 눈을 뜨면 살아 있다는 것에 감사하기에 이르게 된다.

수업할 때 이 방법을 사용한 적이 있다. 별말이 없는 남학생이었다. 무기력 그 자체였다. 하고 싶은 것도 없고 좋아하는 것을 물어도 '잘 모르겠어요'가 다였다. 만사에 의욕이 없다고 할까. 그래서 감사노트를 시작하게 되었다. 평소 숙제를 내던 노트에 한가지 숙제를 제안했다. 매일도 아니었다. 숙제를 하기위해 노트를 피는 날마다 감사하는일 3가지씩 쓰는 것이었다. 역시 별말 없이 알겠다고 했다.

처음엔 큰 기대도 하지 않았다. 그 속에서 한 가지라도 그 학생의 관심사를 찾고 싶었다. 하고 싶은 것을 찾아야 진로이야기를 할 수 있고 그 속에서 동기심을 유발할 수 있다. 그래야 공부가 필요하다는 것을 안 순간 집중할 수 있기 때문이다. 나의 속내는 이러했다. 공부를 잘하게 하고 싶었던 것이다.

지푸라기라도 잡고 싶은 심정으로 시작된 감사노트에서 재미있는 것을 발견했다. 이 학생의 무기력은 모든 것이 완벽한 것에서 비롯된 것이었다. 아버지의 사업을 물려받으면 되는 것이라는 안정감, 외아들로 떠받들어준 어머니의 양육태도였다. 그래서 뭔가의 필요성을 느끼지 않았던 것이었다.

감사노트를 쓰면서 사실 왜 감사해야하는지 모르겠다는 생각이 들었다는 것이다. 그 이후로 친구들을 관찰하게 되었다고 한다. 친구들의 이야기를 들으니 자기와는 상황이 많이 다른 것을 알게 되었다고 한다. 그렇게 조금씩 남의 이야기를 듣기 시작한 남학생은 호기심이 많아졌다. 질문도 많아졌다. 그렇게 수업의 활기를 찾는데 일단 성공했다.

인성교육이라는 것은 누군가를 이해하는 것부터 시작되는 것이다. 그렇게 귀를 기울이고 내 이야기를 할 수 있는 용기도 내는 것이다. 그런 모든 뒷받침은 건강한 상태에서 가능한 것이다. 누군가를 위한 것이 곧 나에게 돌아오는 것을 배울 수 있는 봉사를 통해 긍정적인 자존감을 가질 수 있다. 그 시작이 감사하는 습관으로부터 출발할 수 있다.

대한민국이 더 나아가 세계의 모든 사람들이 '인성'을 함께 가꾸어 나갈 수 있기를 바란다.